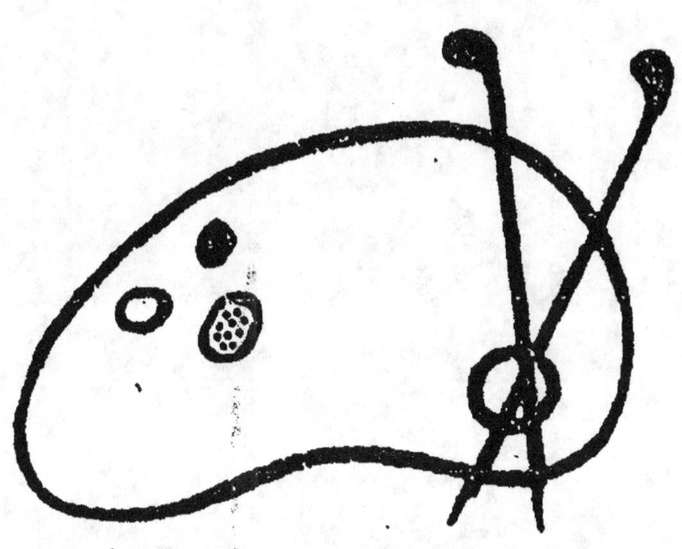

Début d'une série de documents
en couleur

Fin d'une série de documents
en couleur

CORRESPONDANCE

INÉDITE

D'AUGUSTE COMTE

CORRESPONDANCE

INÉDITE

d'Auguste Comte

—

« Vivre au grand jour. »

TROISIÈME SÉRIE

PARIS

AU SIÈGE DE LA SOCIÉTÉ POSITIVISTE

10, Rue Monsieur-le-Prince, 10

—

1904

UNE LETTRE A M. GONDINET

1829.

A Monsieur **GONDINET**,
          Professeur de Mathématiques,
                    n° 38, rue du Dragon, F. S. G.

Paris, mercredi matin,
4 novembre 1829 (8 heures).

Je viens de terminer, mon cher Gondinet, la rédaction de mon discours d'ouverture, je · suis occupé à la mettre au net pour l'impression. Vous me rendrez un vrai service si vous pouvez disposer d'un moment convenable pour en informer M. Julien. Quoique ce n'ait pas du tout été ma faute, et qu'il y ait eu, au contraire, grand préjudice pour moi de toutes les manières, je suis tellement honteux de lui avoir si longtemps fait attendre ce travail que je n'ose me présenter chez lui moi-même pour l'en informer avant votre visite préalable d'avertissement. Je vous prie de le lui expliquer positivement. Vous pouvez lui assurer que je lui apporterai ce discours après-demain matin. Je vous prie de vouloir bien faire tous vos efforts pour obtenir positivement qu'il soit inséré dans le cahier de novembre, car j'y attache la plus grande importance sous plusieurs rapports. Je vous confierai entre autres, en vous priant de n'en rien dire à aucune autre personne absolument qu'à M. Julien, que je vais faire le mois prochain mon cours à l'Athénée. Si le discours est inséré dans le numéro de novembre, il paraîtra, suivant les habitudes de la *Revue encyclopédique,* immédiatement quelques jours après que je l'aurai prononcé à l'Athénée, ce qui est pour moi d'un grand prix, comme je vous l'expliquerai quand j'aurai le plaisir de vous voir. Adieu, mon cher Gondinet, je vous recommande instamment ma demande. Excusez-moi, si j'ai pris la liberté de vous écrire à ce sujet au lieu d'aller vous voir; je suis tellement pressé de travail que je ne pourrais faire autrement.

Mille amitiés de votre tout dévoué,

A^{te} COMTE.

UNE LETTRE A M. ARMAND MARRAST

1832.

A Monsieur **ARMAND MARRAST,**

Rédacteur en Chef de LA TRIBUNE.

Paris, le samedi 7 janvier 1832.

Monsieur,

La profonde et constante aversion de mon esprit pour les doctrines théologiques et métaphysiques m'a fait remarquer avec un grand intérêt, il y a trois ans, votre défense, à la fois si spirituelle et si énergique du bon sens et de la saine méthode philosophique contre les attaques, dangereuses quoique absurdes, du sophiste Cousin : c'est par là que j'ai commencé à vous apprécier. Depuis cette époque, la vive sympathie que m'a inspirée, dès l'origine, votre lutte opiniâtre contre les déceptions et les turpitudes du système actuel de gouvernement, n'a cessé d'accroître mon estime pour votre talent et pour votre caractère. Vous jugerez aisément d'après cela, Monsieur, combien j'ai dû être péniblement affecté en apprenant, par votre article inséré dans *La Tribune* de lundi dernier 2 janvier, que vous m'aviez confondu, du moins quant au passé, avec la secte saint-simonienne, dont je n'ai jamais fait partie. Le dégoût que j'ai toujours éprouvé à occuper le public de ma personne, a pu me faire longtemps dédaigner de pareilles imputations, que je savais pourtant avoir été à dessein très répandues ; j'ai constamment laissé mes ouvrages et mes cours répondre pour moi, par le témoignage irrécusable d'une direction philosophique invariable, absolument opposée à celle du saint-simonisme. Mais je ne puis garder le même silence en voyant cette fausse supposition accueillie et reproduite par un écrivain, dont l'opinion personnelle a pour moi une véritable importance et peut d'ailleurs exercer une si grande influence sur celle du public.

La lettre ci-jointe, que je viens d'adresser au Rédacteur du *Globe*, me dispense heureusement de répéter ici les ennuyeux détails de faits et de dates, qui, si vous voulez bien en prendre connaissance, vous prouveront clairement l'entière inexactitude de votre opinion à mon égard, quant à ma prétendue coopération, à aucune époque, avec les saint-simoniens. Vous y verrez que je me suis séparé de M. de Saint-Simon après une liaison de plusieurs années, bien avant la naissance de ce qu'on a appelé le saint-simonisme ; et que cette rupture a été précisément déterminée en partie par la tendance que je commençais à voir naître en lui vers la reconstruction d'une théorie religieuse. N'ayant jamais pu me *séparer* des saint-simoniens, puisque je n'avais jamais été leur associé, je n'ai pas besoin de démentir spécialement les motifs par lesquels votre erreur involontaire à mon égard vous a conduit à expliquer cette prétendue scission. Si vous remarquez, Monsieur, que, plus jeune que tous les *pères suprêmes* ou non suprêmes, j'étais néanmoins et de beaucoup leur devancier dans la carrière philosophique, que j'ai invariablement suivi une direction intellectuelle et politique absolument opposée à celle qu'ils ont *maintenant* adoptée, vous concevrez que, de ma part du moins, il n'eût jamais pu être question de rivalité, lors même que j'aurais participé à leur association. L'ambition d'être le premier dans une coterie quelconque, et particulièrement dans celle-là, ne m'a jamais beaucoup tenté; et je puis vous assurer, Monsieur, que ce n'est point du tout par excès de modestie. Exercer, par de vagues et emphatiques déclamations, une souveraine influence sur quelques dévots et dévotes qui ont fait généreusement abnégation de leur individualité intellectuelle et morale ne m'a jamais paru pouvoir inspirer d'attrait qu'à des esprits médiocres unis à de faibles caractères : si j'avais le goût de trôner, je voudrais des sujets moins dociles.

Quant à la partie de votre article relative à votre appréciation de mes travaux philosophiques, je regrette beaucoup, Monsieur, sans toutefois m'en étonner (vu leur peu de publicité effective jusqu'à présent), qu'un esprit aussi distingué que le vôtre n'ait point eu l'occasion d'en examiner l'ensemble. Les six articles que j'ai publiés autrefois par la voie du *Producteur*, les seuls de mes écrits qui me paraissent avoir fixé votre attention, sont isolément impropres à faire connaître l'ensemble de ma doctrine philosophique et politique. Car la direction religieuse que s'avisèrent de prendre au bout de quelque temps les éditeurs de ce recueil m'ayant obligé à y cesser brusquement toute insertion, je n'ai pu y compléter, par trois articles qui me restaient encore à publier, une exposition sommaire de ma pensée, que je n'y aurais jamais entreprise si j'avais cru d'abord ne pouvoir l'y terminer. Cette lacune a déjà été pour moi la cause de pénibles et fausses interprétations de la part d'un philosophe plein de sagacité, Benjamin Constant; je crains qu'il n'en ait été de même chez vous. Depuis la première partie de mon *Système de politique positive* (écrite en 1822), et dont mes articles du *Producteur* ne sont qu'une explication partielle, c'est uniquement dans mon *Cours de philosophie positive*, professé plusieurs fois à l'Athénée et ailleurs, et dont le premier volume a seul paru en 1830, que j'ai pu réaliser une exposition vraiment complète, quoique sommaire, de l'ensemble de ma théorie envisagée sous tous ses points de vue principaux. Il me suffit de vous indiquer ici, Monsieur, que, partant du grand déblai si heureusement exécuté par les philosophes du dix-huitième siècle, c'est-à-dire envisageant la décadence intellectuelle et sociale des conceptions religieuses quelconques, comme entière et irrévocable, il est absolument impossible, à mes yeux, d'obtenir une véritable rénovation des théories sociales, et par suite des institutions politiques, autrement qu'en élevant ce qu'on appelle les sciences morales et politiques à la dignité de sciences physiques, par l'applicatiou convenable de la méthode positive fondée par Bacon, Descartes et Galilée, et qui a déjà réorganisé toutes les autres branches de nos connaissances réelles. En un mot, j'ai entrepris de traiter la science sociale comme une nouvelle et dernière section de la philosophie naturelle. Mes travaux, quoique encore peu avancés, suffisent, je crois, dans leur état actuel, pour démontrer par le fait même, la possibilité aussi bien que la nécessité d'une telle opération intellectuelle (ce qui est mon but principal), en établissant quelques-unes des lois naturelles qui s'observent dans le développement des phénomènes sociaux. Cette manière de procéder me paraît la seule qui puisse conduire aujourd'hui dans les théories politiques et morales, à quelques principes fixes, librement débattus et volontairement consentis, susceptibles de résoudre enfin cette effrayante divergence des intelligences, principal symptôme caractéristique de notre situation sociale. Une telle méthode a immédiatement pour résultat nécessaire de faire envisager l'étude et la culture de ce que j'appelle la *physique sociale* comme devant être indispensablement précédée et appuyée de connaissances générales exactes sur les lois déjà découvertes relativement à tous les ordres de phénomènes naturels moins compliqués, ce qui présente le grand avantage politique d'exclure nettement et radicalement pour cause d'incapacité, les prêtres et les avocats.

Vous voyez, Monsieur, qu'il ne peut y avoir jamais eu rien de commun entre le saint-simonisme et une telle direction, suite naturelle chez moi de l'éducation exclusivement positive que j'ai eu l'avantage de recevoir à l'École polytechnique et que je me suis efforcé ensuite de compléter le plus possible. Dès le premier exercice de mon intelligence, j'ai été profondément convaincu que les idées religieuses, si salutaires à des époques déjà fort éloignées, ne peuvent plus avoir, dans l'état viril actuel de la raison humaine, qu'une influence rétrograde, qu'il faut se hâter de remplacer par celle des idées positives. Jugez, Monsieur, si j'ai jamais pu tremper dans la fabrication d'aucune nouvelle religion, et surtout d'une misérable parodie du catholicisme ! Sous le rapport purement politique, si j'avais l'honneur d'être connu de vous, vous sauriez que, dès mon entrée à l'École polytechnique, en 1814, j'étais intimement persuadé, comme je le pense de plus en plus depuis la mémorable crise de 1830, que la suppression immédiate de la royauté en France est un préliminaire indispensable pour la terminaison de la grande révolution qui a commencé à se manifester à tous les yeux en 1789, et pour permettre la fondation d'un système de gouvernement vraiment stable. Vous concevez d'après cela, Monsieur, si j'ai jamais pu voir le beau idéal de l'organisation sociale dans la constitution du despotisme le plus complet qui, en aucun temps, ait pu être rêvé, dans un système politique où la pensée, la conscience et la propriété de tout individu (si même le mot *individu* peut s'adapter à une telle hypothèse) seraient entièrement remises à la discrétion absolue du père Enfantin, ou de tout autre pontife-roi, qui pourrait dire, avec une bien plus effroyable vérité que ne l'a jamais pu Louis XIV : *l'État, c'est moi.*

J'espère, Monsieur, que vous voudrez excuser la longueur de cette explication, en ne l'attribuant qu'à l'extrême importance que j'attachais à rectifier votre opinion sur moi et à vous prouver que, à aucune époque, je n'ai été le moins du monde saint-simonien. Dans un temps de divagation intellectuelle et de versatilité politique, il est sans doute permis de mettre quelque prix à la persistance dans une direction invariable en philosophie et en politique.

Croyez, Monsieur, à ma franche et vive sympathie pour l'honorable persécution dont votre noble civisme a été gratifié, et veuillez agréer l'assurance de l'affectueuse considération de

Votre dévoué serviteur,

A^{te} COMTE,

Ancien élève de l'École polytechnique.

(159, rue Saint-Jacques).

P.-S. — Je vous autorise pleinement à faire insérer cette lettre dans *La Tribune*, si vous le jugez convenable, et je vous en serai même très reconnaissant, afin que vos lecteurs soient désabusés à mon égard.

Comme il est fort douteux que, malgré leur sublime moralité, les prêtres saint-simoniens con-

sentent à insérer dans *Le Globe* la réponse que j'ai
faite avant-hier à leur attaque inconsidérée, vous
me rendriez un vrai service, Monsieur, de vouloir
bien la publier dans *La Tribune*, telle que je vous
l'envoie textuellement collationnée.

UNE LETTRE A M. LEFÈVRE

1843.

A Monsieur LEFÈVRE, Répétiteur de la Marine,
11, rue Gouëno, à Saint-Brieuc
(Côtes-du-Nord).

Paris, le dimanche 7 mai 1843.

Monsieur,

Je suis très sensible à l'honorable regret que vous
voulez bien me témoigner avec tant de franchise
sur l'impossibilité où je me trouverai longtemps
encore, et peut-être toujours, d'écrire un traité
d'algèbre supérieure conforme à mon enseignement
annuel, tel que l'a caractérisé le programme rai-
sonné que j'ai cru devoir annexer à mon récent
ouvrage élémentaire sur la géométrie analytique.
Mais je crains bien que des travaux plus importants
ne me laissent jamais le loisir d'entreprendre cette
rédaction, quelque rapide qu'elle pût être : tout au
plus, y a-t-il maintenant quelque lieu d'espérer que
je puisse ultérieurement consacrer une nouvelle
intermittence philosophique à la publication de mon
système d'enseignement du calcul différentiel, qui,
dans l'ensemble total de l'éducation mathématique,
me paraît aujourd'hui constituer une opération plus
décisive et plus salutaire. Dans cette situation inévi-

table, je regrette, Monsieur, de ne pouvoir vous indiquer provisoirement aucun ouvrage didactique propre à remplir la lacune dont vous vous plaignez, car je n'en connais pas (il est vrai que je lis fort peu) qui soit suffisamment en harmonie avec mes vues, du moins en France ; l'ancien traité d'algèbre de Clairaut, quoique maintenant presque oublié, est peut-être celui qui s'écarte le moins d'un tel esprit didactique, sauf d'ailleurs les acquisitions ultérieures, à beaucoup d'égards plus apparentes que réelles, que la science a pu faire ensuite : mais même cet estimable ouvrage d'un géomètre plus philosophe que la plupart de ses successeurs est encore fort éloigné de la direction que j'ai cru devoir suivre, et où l'influence générale des lumineuses conceptions de Lagrange a beaucoup concouru jadis à me placer.

J'ai l'honneur d'être, Monsieur, avec une parfaite considération,

Votre dévoué serviteur,

A^{te} COMTE.

Quoique datée du 24 avril, votre lettre ne m'est parvenue qu'avant-hier 5 mai : je me suis empressé de saisir un instant de loisir inopiné pour répondre autant que possible à la touchante confiance scientifique dont vous m'y avez honoré.

UNE LETTRE A M. EUSICE JACQUIER

1845.

A Monsieur JACQUIER EUSICE, élève en médecine
14, rue du Faubourg-Saint-Honoré.

Monsieur,

Je trouve très rationnel le vœu que vous m'exprimez sur le prolongement systématique du plan d'initiation positive commencé par mon cours d'astronomie populaire, sauf l'opportunité d'une exécution sagement graduelle. En poursuivant avec ténacité cette opération annuelle, comme je le fais depuis quinze ans, j'espère qu'un tel exemple, de plus en plus senti, finira par surmonter suffisamment, chez quelques-uns des savants propres à participer à cette grande tentative, la honteuse indifférence qui résulte aujourd'hui de leur double défaut caractéristique de vues générales et de sentiments généreux. Si cette réaction naturelle se faisait trop attendre, je me disposerais à entreprendre moi-même cette nouvelle tâche, malgré son immensité, comme je l'ai déjà projeté depuis longtemps, en convertissant peu à peu mon simple cours annuel d'astronomie en un véritable cours populaire, de trois ou quatre années, sur l'ensemble méthodique de la philosophie positive, suivant le désir très honorable que vous me témoignez. J'espère que cette extension, convenablement accomplie, trouverait alors chez l'autorité, soit locale, soit centrale, autant d'appui qu'en a toujours obtenu le degré initial auquel je me borne encore.

Recevez aussi, Monsieur, mes sincères félicitations sur les nobles sentiments manifestés dans votre lettre, et que partagent, sans doute, la plupart de vos camarades. Par de saines études persévérantes, continuez tous à rendre vos convictions de plus en plus complètes et inébranlables; que le développement d'un actif sentiment du devoir marche toujours de front avec celui du véritable esprit d'ensemble, conformément à leur solidarité naturelle. Maîtres et élèves, prouvons tous aux diverses écoles rétrogrades, par toute notre conduite journalière, personnelle, domestique et sociale, que le plein essor de la moralité humaine est désormais entièrement indépendant des doctrines chimériques qui lui furent provisoirement indispensables pendant la longue enfance de notre espèce. C'est ainsi que la génération actuelle se rendra de plus en plus digne de l'éminente mission que lui réserve l'ensemble des antécédents, pour terminer directement la révolution fondamentale, en faisant dériver, de la philosophie définitive, une vraie régénération sociale, d'abord morale, puis politique.

J'ai l'honneur d'être, Monsieur, avec une affectueuse considération.

Votre dévoué serviteur;

Aᵗᵉ COMTE.

Mercredi 5 mars 1845.

VINGT-DEUX LETTRES
A M. FABIEN MAGNIN

1846-1856.

D'après les originaux donnés
par le destinataire.

I

A Monsieur MAGNIN,
        10, passage du Jeu-de-Boule, à Paris.

Je m'empresse, Monsieur, de vous remercier, ainsi que tous vos amis, pour votre honorable démarche. Mon cours annuel va être rouvert le 25, et continuer tous les dimanches, suivant l'usage, à midi précis, dans la salle accoutumée. En annonçant bientôt cette ouverture par les journaux habituels, j'avertirai franchement le public et l'autorité que je ferai cette année *huit* séances philosophiques, pour servir de préambule à l'exposition scientifique.

M. le Maire, en me rendant avec empressement la grande salle des Petits-Pères, m'avertit que cette mairie doit être prochainement démolie, en sorte que peut-être je ne pourrai cette année y achever mon cours. Je l'y poursuivrai néanmoins aussi longtemps que possible, et je tâcherai ensuite, s'il y a lieu, de le transporter, sans aucune interruption, du moins provisoirement, dans quelque autre mairie bien située. En ce cas, je compterai, Messieurs, sur votre zèle pour la saine instruction populaire, afin de prendre, à cet égard, les informations et les mesures convenables, surtout à la mairie du IIe arrondissement qui seule me paraîtrait alors bien adaptée à notre but.

J'approuve beaucoup votre projet d'annonce, et j'use de la liberté que vous m'offrez pour en modifier ainsi la rédaction :

Cours public d'Astronomie populaire, précédé d'un discours sur l'esprit positif; professé gratuitement, depuis 1831, par M. Auguste Comte, à la mairie du IIIe arrondissement, tous les dimanches, à midi.

L'ensemble de cet enseignement est destiné surtout à caractériser la saine méthode scientifique d'après son type le plus parfait, pour préparer le nouveau système d'éducation sociale seul propre à satisfaire raisonnablement les principaux besoins de l'humanité, qui consistent aujourd'hui dans la conciliation fondamentale entre l'ordre et le progrès.

Veuillez, Monsieur, agréer, à cette occasion, avec vos dignes amis, l'assurance bien sincère de mon affectueuse considération.

Aᵗᵉ COMTE.

Lundi 12 janvier 1846.

II

A Monsieur MAGNIN,
        10, passage du Jeu-de-Boule.

Monsieur,

Dans la séance d'ouverture de la dix-septième année de mon cours du dimanche, en janvier prochain, je me propose de caractériser le positivisme comme constituant la vraie philosophie du peuple, d'une manière plus directe et plus prononcée que je n'ai pu le faire jusqu'ici. Je serai ainsi conduit à apprécier spécialement ce qu'on appelle aujourd'hui le *Communisme*, en tant que progrès fondamental du véritable esprit de la révolution, laissant enfin les débats purement politiques pour s'élever aux questions morales, seules décisives maintenant. Afin de mieux remplir cette partie essentielle de ma tâche philosophique, je voudrais connaître davantage les opinions correspondantes. Cependant je tiens beaucoup à ne pas altérer, si je puis l'éviter, mon régime habituel d'abstinence de lectures, surtout en ce genre : diète cérébrale qui me sert, depuis longues années, à mieux assurer la pureté, l'originalité et la consistance de mes propres conceptions. Dans cette perplexité, j'ai pensé, Monsieur, que votre conversation suffirait pour me procurer, à cet égard, tous les renseignements que je désire. Votre zèle actif et éclairé pour l'amélioration d'un cours dont vous avez dignement compris l'importance sociale, me permet de compter, en ce cas, sur votre civique assistance. Si donc vous voulez bien m'indiquer les jours et heures dont vous pouvez disposer, j'y choisirai l'instant dont nous conviendrons pour cette utile conférence.

Veuillez, Monsieur, agréer, à cette occasion, l'assurance de ma parfaite considération.

A^te COMTE.

(10, rue Monsieur-le-Prince).

Dimanche 25 octobre 1846.

III

A Monsieur MAGNIN,
>*10, passage du Jeu-de-Boule.*

Monsieur,

Je vous remercie de vouloir bien réaliser l'espoir que j'avais conçu de votre civique assistance pour obtenir quelques graves renseignements d'utilité publique. D'après vos consciencieuses indications, vous me paraissez éminemment propre à me fournir sur ce sujet tous les documents que je désire. Puisque vous voulez bien, à cet égard, vous mettre à ma disposition dans les limites de disponibilité que vous m'annoncez, je choisis, pour cet entretien, la matinée de dimanche prochain, 1er novembre, où je vous attendrai de 10 heures à midi.

Veuillez agréer, Monsieur, la nouvelle assurance de ma parfaite considération.

Ate COMTE.

Jeudi soir 29 octobre 1846.

IV

Monsieur,

Quoique très touché du zèle constant de votre civique association pour seconder la saine instruction populaire, j'ai dû retarder un peu ma réponse à votre intéressante lettre de mardi, afin de pouvoir vous y donner des renseignements précis sur la prochaine ouverture de la dix-septième année de mon cours philosophique d'astronomie populaire. Il aura lieu, comme de coutume, tous les dimanches, à midi, dans le grand local actuel de la mairie du IIIme arrondissement, aux Petits-Pères, où M. le Maire, toujours très disposé à faciliter autant que possible un tel enseignement, met à ma disposition la salle des mariages, située au 1er étage, et au moins aussi grande, sans être aussi haute, que la salle démolie l'an dernier. L'ouverture aura lieu le 24 janvier, comme l'indiqueront les journaux accoutumés.

Puisque vous voulez bien, vous et vos amis, me consulter sur les modifications que pourrait subir aujourd'hui l'annonce que vous comptez renouveler si utilement, je crois qu'il vaut mieux la commencer ainsi :

« Cours philosophique d'astronomie populaire,
« précédé de plusieurs séances sur l'esprit positif,
« etc., etc. » Après la phrase caractéristique, il me semblerait convenable de terminer ainsi : « Le préam-
« bule philosophique est surtout destiné à faire sen-
« tir l'intime connexité de la nouvelle doctrine géné-
« rale avec la véritable cause populaire. » Vous pourriez, d'ailleurs, sans inconvénient, ajouter, de vive voix, les indications plus spéciales que j'ai eu le plaisir de vous donner, dans notre intéressante conférence du 1er novembre, sur le caractère plus direct et plus prononcé qui distinguera, cette année, le discours d'ouverture du 24.

Veuillez agréer, Monsieur, pour vous et vos amis, avec mes sincères remerciments, l'assurance non moins franche de mon affectueuse estime.

AUGUSTE COMTE.

Samedi 9 janvier 1847.

V

A Monsieur MAGNIN, ouvrier menuisier,
10, passage du Jeu-de-Boule.

Monsieur,

Je crois pouvoir compter sur votre civique obligeance pour compléter maintenant les utiles renseignements publics que vous avez bien voulu me fournir en novembre dernier. Si vous pouvez, à cet effet, disposer prochainement d'une soirée, vous me trouverez presque sûrement chaque soir, entre 7 heures et 8 heures, surtout les jeudis, samedis et mardis.

Veuillez agréer, à cette occasion, la nouvelle assurance de l'affectueuse considération de votre dévoué serviteur.

AUGUSTE COMTE.
(10, rue Monsieur-le-Prince).

Mercredi 21 juillet 1847.

VI

A Monsieur MAGNIN, ouvrier menuisier.

Monsieur,

En vous remerciant spécialement de vos intéressantes informations d'hier, je dois aussi vous témoigner, en général, que, loin de me déranger, vous me feriez toujours plaisir chaque fois que vous voudriez ainsi me consacrer une soirée, qui ne peut que m'éclairer sur un ordre important de faits sociaux dont le détail m'est naturellement trop peu connu. Ne travaillant jamais le soir, et vivant d'ailleurs très retiré, il est fort rare qu'on ne me trouve pas libre à cette heure-là.

Agréez, Monsieur, la sincère assurance de mon affectueuse considération.

AUGUSTE COMTE.

Mercredi 28 juillet 1847.

VII

A Monsieur MAGNIN, ouvrier menuisier.

Monsieur,

Je regrette beaucoup qu'un motif exceptionnel m'ait privé hier soir de la bonne visite pour laquelle vous avez bien voulu faire une si longue course. Mes habitudes sédentaires n'avaient pas été interrompues ; mais une indisposition, heureusement passagère, m'interdisait de recevoir personne. Si j'eusse prévu votre visite, j'aurais chargé ma bonne de vous expliquer franchement le vrai motif de sa consigne générale, étant certain d'avance que vous auriez convenablement accueilli cette sincère explication. Quoi qu'il en soit, j'espère que ce contre-temps accidentel ne vous empêchera pas de renouveler bientôt la même tentative, qui me sera toujours très agréable.

Agréez, Monsieur, à cette occasion, la nouvelle assurance de mon affectueuse considération.

Auguste Comte.

Vendredi matin 27 août 1847.

VIII

À Monsieur MAGNIN, ouvrier menuisier.

Monsieur,

Selon votre civique désir, je vous envoie ci-jointe la petite annonce du cours que j'ouvrirai à la fin de ce mois, et que vous et vos amis voulez bien vous charger de faire connaître aux prolétaires convenablement disposés.

Agréez, je vous prie, à cette occasion, la nouvelle assurance de mon affectueuse estime.

AUGUSTE COMTE.

Samedi 15 janvier 1848.

IX

A Monsieur MAGNIN.

Monsieur et cher confrère,

Voici ma circulaire philosophique sur la fondation de la *Société Positiviste*, dont je vous reçois membre. Notre première séance aura lieu *après-demain* soir, dimanche 12 mars, chez moi, de sept heures précises à dix heures.

Votre dévoué,

AUGUSTE COMTE.

Vendredi matin 10 mars 1848.

Je joins à votre exemplaire un second pour votre ami M. *Phili* ou *Fily*, ouvrier mécanicien, dont je regrette de ne pas savoir l'adresse. Veuillez le lui remettre à temps, et l'engager à venir aussi dimanche inaugurer la Société dont je l'ai reçu membre.

X

A Monsieur MAGNIN, ouvrier menuisier.

Monsieur,

Si j'avais pu hier vous parler en particulier, je comptais vous inviter, une fois pour toutes, à une petite réunion cordiale, que je tiens chez moi chaque dimanche soir, de sept heures à dix. Antérieure de quatre mois à nos séances positivistes, elle se compose pourtant jusqu'ici des membres de notre club qui ont avec moi le plus d'intimité personnelle. J'espère qu'elle vous conviendra, et je suis assuré que ses membres actuels seront charmés de votre adjonction. C'est pourquoi je compte sur vous dès dimanche prochain, 23 avril.

Tout à vous,

Auguste Comte.

Jeudi 20 avril 1848.

XI

Monsieur et cher confrère,

J'ai relu hier, à loisir, votre excellent Rapport de mercredi et je vous en fais mon sincère compliment.

Le positivisme peut s'en glorifier pour montrer la supériorité réelle de la raison populaire sur la mauvaise culture de nos lettrés. Ces quelques pages contiennent de meilleures notions sur la structure et le mouvement de l'industrie moderne que tous les gros livres consacrés à la prétendue science des économistes.

Mercredi prochain, je proposerai à notre club de publier ce Rapport aux frais et au nom de la Société positiviste, en mentionnant les noms et les professions des trois commissaires et surtout du rapporteur. Je vous proposerai seulement l'addition ci-jointe, destinée d'abord à rappeler expressément le caractère occidental que doivent manifester, autant que possible, toutes nos propositions, et ensuite même à perfectionner vos mesures, en permettant d'en commencer l'application sans attendre les gouvernements, s'ils tardaient trop. Cette courte addition se placerait très naturellement entre les feuillets 8 et 9, comme vous le constaterez aisément, d'après le double qui vous est resté. Si vous l'adoptez, ayez la bonté de me la renvoyer avant la séance, afin que je puisse la coller sur la partie blanche du feuillet 8.

Tout à vous,

Auguste Comte.

Lundi matin 29 mai 1848.

P.-S. — Je saisis cette occasion de correspondance pour vous rappeler, en général, que nos causeries du dimanche sont toujours suspendues le premier dimanche de chaque mois, d'après mon vieil engagement mensuel avec M. de Blainville.

P.-S. — Si, ce soir, vous aviez occasion de parler séparément à M. Caussidière, veuillez l'avertir que, dès mercredi 24 mai, j'ai remis, pour lui, à M. Pascal, un exemplaire de mon ancien *Discours sur l'esprit positif*, et aussi de ma circulaire comme fondateur du club positiviste. M. Pascal a déjà fait plusieurs courses infructueuses à ce sujet : il ne peut joindre M. Caussidière. Vous pourriez aussi lui annoncer que, dans un mois, je compte lui envoyer mon *Discours sur l'ensemble du positivisme*, dont l'impression va enfin commencer, et qui contiendra le résumé systématique du cours exceptionnel que vous avez suivi l'an dernier aux Petits-Pères.

Quoique ces mesures nous aient été naturellement inspirées par la situation française, elles ne se bornent point à la France, qui en comporte seulement l'application la plus complète et la plus urgente. Elles conviennent également aux cinq populations occidentales, comme les besoins d'où elles émanent, et comme la réorganisation des opinions et des mœurs qui constitue la solution finale qu'elles annoncent et préparent.

Si les gouvernements n'en comprenaient pas assez l'importance pour les appliquer bientôt, ce qui pourrait arriver même en France, rien n'empêcherait les populations d'ébaucher spontanément la portion de ce plan qui les concerne directement.

Partout où il existe une libre réunion populaire, elle peut aisément diriger ses discussions habituelles vers les fonctions d'indication, de surveillance et d'appréciation que nous assignons ainsi au peuple quant aux travaux publics qui conviennent à chaque localité. Cette nouvelle manière d'utiliser et de développer les clubs constituerait indirectement l'une des plus heureuses conséquences d'un tel plan.

XII

A Monsieur MAGNIN, ouvrier menuisier.

Monsieur et cher confrère,

D'après ce que vous m'avez annoncé hier, je dois vous éviter, ainsi qu'à vos deux amis, une course inutile, en vous prévenant que, par suite d'un incident imprévu, je ne serai pas disponible demain soir. Si je l'avais su à temps, je vous aurais engagé à venir ce soir, afin de ne pas retarder d'une semaine l'admission que vous proposez.

Tout à vous,

AUGUSTE COMTE.

Lundi 28 août 1848.

XIII

Mon cher Monsieur Magnin,

J'ai eu hier la visite d'un camarade de M. Penot, arrivant immédiatement d'Angoulême. Avec une lettre contenant la cotisation positiviste de M. Penot, par suite de laquelle j'aurai donc à vous rendre mercredi les cinq francs que vous aviez avancés à cette intention, il m'a remis une lettre pour vous, que je m'empresse de joindre à ce billet. Du reste, notre confrère semble se trouver fort bien à Angoulême, mais avec un vif désir de revenir à Paris aussitôt qu'il le pourra.

Tout à vous,

AUGUSTE COMTE.

Samedi 30 septembre 1848.

XIV

Mon cher Monsieur Magnin,

Vous savez que jusqu'à présent nos petites soirées hebdomadaires se trouvaient habituellement suspendues le premier dimanche de chaque mois. Mais l'ancien engagement qui m'obligeait à cette suspension vient de cesser. En conséquence, à partir de demain, le premier dimanche du mois ne fera plus exception à nos cordiales réunions.

Tout à vous,

Auguste Comte.

Samedi matin 2 décembre 1848.

XV

A Monsieur MAGNIN,
> *10, passage du Jeu-de-Boule.*

Mon cher Monsieur Magnin,

Comptant vous voir hier comme de coutume, j'avais gardé jusque-là la communication ci-jointe, dont M. Littré m'avait chargé vendredi. Vous voyez que c'est une lettre qu'il a reçue de M. Jacquemin, avec la réponse qu'il y a faite, et qui, n'ayant rien d'urgent, doit seulement accompagner l'envoi dont notre jeune ami nous charge tous deux. M. Littré m'a déjà envoyé les trois exemplaires demandés de son opuscule. J'en ai ce matin expédié un, par la poste, au commandant de l'*Égypte,* à Marseille, en y joignant les divers *Rapports* positivistes. Chargez-vous, je vous prie, de l'envoi du livre de M. Morin et des deux *manuels* d'Heeren sur l'histoire ancienne et l'histoire moderne, que vous trouverez chez F. Didot, 56, rue Jacob. Tous les frais d'achat et d'envoi sont déjà compris dans la somme envoyée d'Égypte à M. Littré, dont la réponse, comme je le disais, partirait avec cet envoi, par la voie légale, qui paraît être la plus sûre comme la plus prompte.

Tout à vous,

Auguste Comte.

(10, *rue Monsieur-le-Prince*).

Lundi 8 Shakespeare 61.

XVI

Mon cher Monsieur Magnin,

J'ai oublié hier de vous engager, en répondant à M. Jacquemin (dont je vous renvoie ci-jointe l'intéressante lettre), de lui recommander une visite positiviste, en passant à Lyon, à M. Lucas (pharmacien, Grande-Rue, à la Croix-Rousse), le digne chef de notre précieux foyer lyonnais. Mais peut-être y aurez-vous pensé spontanément. La poste de demain apportera pour M. Jacquemin, bureau restant, à Marseille, *six* exemplaires de chacun de nos *cinq* opuscules.

Tout à vous,

Auguste Comte.

(10, *rue Monsieur-le-Prince*).

Jeudi 23 Gutenberg 63.

XVII

Mon cher Monsieur Magnin,

M. Profumo, que je croyais encore à Londres, assistait hier à ma séance, après laquelle nous avons causé un moment, de manière à fixer vendredi prochain 17 octobre pour la réunion fraternelle. Quoique nous ne devions dîner qu'à 6 heures, les convives pourront arriver dès 5 heures, afin de mieux s'entendre.

Tout à vous,

AUGUSTE COMTE.

(10, *rue Monsieur-le-Prince*).

Lundi 6 Descartes 63.

XVIII

Mon cher Monsieur Magnin,

J'ai été hier fort étonné de recevoir la lettre ci-jointe d'un jeune homme que je vis seulement une fois, l'été dernier, comme venant de votre part. Ne pouvant rien faire de ce qu'il me demande, je me borne, pour toute réponse, à vous envoyer sa lettre, afin que vous voyiez si vous y devez donner quelque autre suite.

> Tout à vous,
>
> Auguste Comte.
>
> *(10, rue Monsieur-le-Prince).*

Dimanche 14 Homère 64.

XIX

Paris, le jeudi 4 Moïse 67.

Mon cher Monsieur Magnin,

Quoique j'aie beaucoup regretté votre absence à la réunion de lundi, je n'avais pourtant besoin d'aucune explication pour être d'avance assuré qu'elle n'avait nullement dépendu de votre volonté. Néanmoins, je suis très touché de voir, par votre digne lettre d'avant-hier, l'un de mes plus éminents disciples caractériser si noblement ce devoir annuel. La fin de cette séance vous aurait, je crois, convenu spécialement, en indiquant les satisfactions patriotiques réservées aux positivistes, d'après la systématisation croissante de la marche spontanée de Paris vers sa grande et sainte destination.

> Tout à vous,
>
> Auguste Comte.-
>
> *(10, rue Monsieur-le-Prince).*

XX

A Monsieur F. MAGNIN, à Paris.

Paris, le vendredi 26 Bichat 67.

Mon cher disciple,

Je viens de faire mon testament, que j'ai remis, lundi 24 décembre, à M. Laffitte, son dépositaire perpétuel. Vous ayant choisi pour l'un de mes treize exécuteurs testamentaires, je vous invite à prendre, chez M. Laffitte, une exacte connaissance de cet acte, afin de me déclarer par écrit si vous acceptez ou refusez un tel office. En cas d'acceptation, vous aurez ensuite la faculté de copier cette pièce à votre seul usage.

Tout à vous,

AUGUSTE COMTE.

(10, *rue Monsieur-le-Prince*).

XXI

A Monsieur F. MAGNIN, à Paris.

Paris, le mardi 15 Moïse 68.

Mon éminent disciple,

Je vous serai spécialement obligé si vous pouvez assister, chez moi, dimanche prochain 20 Moïse, à *deux heures précises* (plutôt avant qu'après), à la réunion de tous ceux de mes exécuteurs testamentaires qui sont maintenant à Paris, pour écouter des explications et communications devenues indispensables, que je ne puis davantage retarder sans de graves inconvénients, au début de mon troisième et dernier grand ouvrage.

Tout à vous,

AUGUSTE COMTE.

(10, *rue Monsieur-le-Prince*).

XXII

A Monsieur F. MAGNIN, à Paris.

Paris, le jeudi 3 Homère 68.

Mon éminent disciple,

En félicitant M. Hadery, dans ma dernière réponse, sur son récent contact avec M. Foley, je lui témoignai spécialement combien j'attacherais encore plus de prix à voir bientôt surgir une relation directe entre vous et lui. Votre prochain voyage à Lyon vous en fournirait peut-être l'occasion, si vous pouviez, en revenant, passer un jour ou deux dans son domaine des Vattis (près Saint-Gérand-de-Vaux, par Bessay [Allier]), à quatre lieues au sud de Moulins, ce qui ne vous détournerait pas beaucoup. Mais vous seul pouvez juger si ce projet est praticable, quoique j'aie dû vous le proposer, en vous offrant d'avertir votre digne collègue, en cas que vous puissiez réaliser l'entrevue.

Tout à vous,

AUGUSTE COMTE.

(10, *rue Monsieur-le-Prince*).

SEIZE LETTRES A M. DE THOLOUZE

1846-1857.

D'après les originaux donnés
par le destinataire.

I

Paris, le samedi 28 novembre 1846.

Monsieur,

Je suis très touché de votre intéressant envoi et de votre honorable lettre ; de telles manifestations constituent, comme vous l'avez justement pensé, la plus digne récompense et le plus efficace encouragement de la grande élaboration à laquelle j'ai voué ma vie. Veuillez, à votre tour, agréer, avec tous mes intimes remercîments, l'opuscule ci-joint, composé environ un an avant l'éminent travail de M. Littré, pour donner sommairement une première idée de la nouvelle philosophie.

La lecture de votre discours m'a beaucoup intéressé à plusieurs égards. Je n'ai point trouvé trop longue la précieuse citation de d'Aguesseau, où l'on peut apprécier si bien la tendance de la vie pratique à rectifier spontanément les vices de la méthode métaphysico-théologique, seule accessible à ce grand juriste. Bien loin d'affecter orgueilleusement aucune rénovation sans précédents quelconques, la philosophie positive s'honorera toujours de trouver, dans les inspirations naturelles de tous nos éminents prédécesseurs, d'heureux pressentiments de ses principales conceptions.

Parmi les divers sujets de satisfaction que m'a

offert votre discours, je dois surtout vous féliciter, Monsieur, et même vous remercier, du noble langage de vos dernières pages, si dignement consacrées, sous l'évidente impulsion du cœur, à proclamer la subordination fondamentale du talent au devoir, et de la science à la morale. Je suis heureux, et j'ose dire fier, que vous ayez aussi profondément saisi ce suprême caractère du positivisme, osant proposer à nos superbes intelligences le joug continu de la moralité. Cette tendance systématique distinguera surtout le grand traité dont je suis maintenant occupé sur la philosophie politique. J'y représenterai directement le règne du cœur comme constituant seul l'état normal de la nature humaine, individuelle ou collective, pour laquelle le prétendu règne de l'esprit, tant poursuivi depuis la fin du moyen âge, ne peut former qu'une transition révolutionnaire, aujourd'hui prête à finir. La plus noble destination de l'intelligence consiste à mieux développer la sociabilité, par de lumineux conseils et une sage systématisation. La saine philosophie ne pourra complètement remplacer la théologie qu'en se montrant encore plus propre qu'elle à organiser cette indispensable subordination, que la métaphysique a seule fait perdre de vue. Outre l'impérieuse nécessité sociale qu'importe cette évidente prescription, vous avez convenablement signalé son extrême importance pour le bonheur privé, qui dépend bien plus du cœur que de l'esprit. Après avoir, pendant trente ans de profondes méditations, goûté, j'ose le dire, les plus sublimes satisfactions personnelles que puisse procurer la découverte des grandes vérités, je ne crains pas d'avouer que rien de tout cela n'est comparable, soit pour la pureté, soit pour l'énergie, aux intimes jouissances inhérentes aux émotions tendres et aux vertueuses actions accessibles à toute âme bien née. Je ne m'excuse point auprès de vous de m'étendre sur ce grand sujet, si mal apprécié dans nos temps d'anarchie morale et mentale ; car votre lettre et votre discours m'indiquent avec quelle profonde sincérité vous adoptez une telle manière de concevoir la vie humaine. Votre énergique réprobation de l'irrationnel blasphème de Mirabeau suffirait pour montrer combien vous sentez dignement que la moralité privée peut seule garantir la moralité publique. Par votre noble profession, vous êtes heureusement placé à un point de vue propre à familiariser avec une telle connexité : mais cette avantageuse situation ne produit, surtout aujourd'hui, de semblables convictions que chez les âmes d'élite.

Avec les sincères remercîments que je vous dois à plus d'un titre, veuillez, Monsieur, agréer l'assurance de l'affectueuse estime de

Votre dévoué serviteur,

Auguste Comte.

(10, rue Monsieur-le-Prince).

II

A Monsieur DE THOLOUZE,
Procureur du Roi, à La Réole.

Paris, le samedi 18 décembre 1847.

Monsieur,

Profondément touché de votre nouvel hommage, je viens de lire avec soin l'intéressant *Discours* que vous avez bien voulu m'adresser sur une grave question pratique, radicalement liée aux plus hautes considérations de philosophie sociale. Votre consciencieux examen, évidemment inspiré par des sentiments aussi sages que nobles, me semble aboutir à des conclusions très judicieuses, pleinement conformes au véritable esprit de la nouvelle doctrine générale qui vient aujourd'hui faire cesser un désastreux antagonisme en systématisant enfin une conciliation fondamentale entre les deux grands instincts continus de conservation et d'amélioration. J'ai surtout remarqué, à ce sujet, avec une vive satisfaction, le premier alinéa de la page 61, où ressort si heureusement un sentiment exquis de cette continuité nécessaire, qui caractérise l'évolution humaine. En rappelant spécialement l'obligation de juger chaque innovation partielle d'après l'ensemble de l'économie sociale, la dernière partie de votre travail indique tacitement la nature purement provisoire de toutes les mesures propres à une société décomposée, où les opinions, les sentiments et les mœurs manquent essentiellement de consistance et de direction.

Quant au grand projet que vous voulez bien me confier, comme suggéré par vos heureux efforts soutenus pour utiliser noblement les discours de rentrée, je ne saurais trop vous encourager à poursuivre une entreprise aussi favorable au plein avènement social du positivisme. Une telle opération ne peut, sans doute, acquérir son vrai caractère définitif que d'après une systématisation décisive de la saine morale universelle, dont la législation proprement dite ne constitue naturellement qu'un indispensable complément temporel. Mais ce qu'il y a de prématuré aujourd'hui dans votre projet n'empêche point son active élaboration de comporter déjà une haute efficacité philosophique et sociale, même directe, et surtout indirecte.

Cette précieuse confidence me fait encore mieux sentir la réalité et l'importance du noble office que je crois réservé à notre magistrature dans l'ensemble de l'immense transition qui doit immédiatement préparer la société actuelle à sa vraie régénération finale.

Par la salutaire influence permanente des contacts pratiques, les légistes ont toujours plus ou moins amélioré les conceptions métaphysiques d'après lesquelles ils étaient jusqu'ici forcés de procéder. Ils doivent donc utiliser beaucoup un régime intellectuel qui, aujourd'hui, systématisant les notions historiques, dirige sans détour leurs spéculations vers le grand but social qu'ils ont constamment poursuivi malgré tant d'entraves philosophiques et politiques, l'ascendant pratique d'une morale uniquement fondée sur la connaissance réelle de la nature humaine, à la fois individuelle et collective. Telle est surtout, à mes yeux, la vocation actuelle des juristes français, qui, mieux émancipés que leurs autres collègues occidentaux, se trouvent aussi, à tous égards, dans un milieu bien plus favorable à cette mission ; il ne leur manque, d'ordinaire, qu'une éducation mieux adaptée à leur vraie destination. En distinguant, sous ce rapport, les deux principales classes de légistes, il devient évident qu'un tel office social convient beaucoup plus à nos magistrats qu'à nos avocats. Depuis le début de la grande révolution, ceux-ci ont essentiellement dépossédé les premiers de la carrière politique proprement dite, mais sans pouvoir leur ravir cette haute intervention morale naturellement échue à une classe aussi distinguée aujourd'hui par la noblesse de ses sentiments que par la rectitude de ses vues. Le traité spécial de philosophie politique dont je suis maintenant occupé me conduira, j'espère, à caractériser dignement la puissante coopération que je conçois propre à notre magistrature dans la transition finale, et qui lui offrira spontanément une juste compensation de l'ascendant révolutionnaire des avocats.

Votre honorable appréciation du *Discours* que je vous envoyai l'an dernier se trouve exactement conforme à la destination que j'avais en vue dans cette petite composition, qui constitue, en effet, une sorte de résumé usuel de mon ouvrage fondamental, surtout en y joignant le mémorable jugement de M. Littré, qu'elle a d'ailleurs préparé.

J'espère avoir bientôt la satisfaction de vous adresser un *Discours* plus important *sur l'ensemble du positivisme ;* produit naturel d'une récente élaboration orale, il formera aussi l'introduction générale au grand traité ci-dessus mentionné, dont le vrai caractère essentiel s'y trouvera déjà profondément indiqué. Vous êtes, Monsieur, du très petit nombre de ceux qui, jugeant mes travaux autant par le cœur que par l'esprit, ont dignement apprécié, dès sa naissance, l'aptitude nécessaire du positivisme systématique à faire convenablement prévaloir la morale sur la science. Personne n'est donc mieux disposé à goûter un ouvrage destiné surtout à systématiser directement toute existence individuelle ou collective, à la fois intellectuelle, sentimentale et pratique, en prenant pour unique base la prépondérance continue du cœur sur l'esprit. Cette harmonie nécessaire des deux grands attributs de l'humanité me semble devoir constituer le vrai caractère usuel du positivisme ; elle lui assurera à la longue l'irrésistible appui des deux éléments sociaux qui vivent surtout par le cœur, c'est-à-dire le peuple et les femmes. Elle ne pouvait émaner que d'une philosophie qui, d'abord issue d'une source purement mentale, se trouve enfin conduite, par son propre essor spéculatif, à faire universellement prévaloir le point de vue social. Une telle doctrine peut seule amener notre orgueilleuse intelligence à se subordonner librement à la sociabilité, dont la consolidation et le développement lui fournissent une carrière systématique beaucoup plus active et plus étendue que les vaines recherches, les unes chimériques, les autres oiseuses, que notre esprit est si disposé à préférer quand il n'est pas gouverné par le cœur.

Quoique ce caractère définitif du positivisme ne puisse être pleinement établi que dans l'ensemble même de mon second grand ouvrage, il sera déjà très marqué dans le discours préliminaire que je vous annonce, comme il l'a été, l'hiver dernier, pour un nombreux auditoire, dans les douze séances publiques qui m'ont permis d'apprécier la maturité et l'opportunité d'une telle élaboration. En offrant au cœur un essor plus pur et plus actif que pendant les meilleurs temps du catholicisme, la nouvelle philosophie écartera sans retour les graves inculpations de sécheresse que lui attire encore son indispensable préambule scientifique. Ce reproche, trop naturel jusqu'ici, ne pourra plus atteindre un système qui érigera le perfectionnement moral en but principal de la vie humaine, de manière à instituer la plus heureuse solidarité entre l'existence privée et l'existence publique.

Je ne pouvais, Monsieur, mieux vous témoigner ma gratitude pour le haut prix que vous daignez attacher à ma juste approbation, qu'en vous annonçant ainsi, avec une naïve confiance, la nouvelle phase du positivisme, celle qui constituera, sans doute, sa physionomie définitive. Puisse ce libre abandon philosophique vous indiquer sans équivoque la profonde considération que m'inspire déjà l'ensemble de votre caractère, que votre noble réputation locale me permet d'apprécier au delà des inductions naturelles !

AUGUSTE COMTE.

III

A Monsieur DE THOLOUZE, Magistrat,
à Libourne.

Paris, le samedi 19 août 1848.

Monsieur,

En cas que votre prochain voyage à Paris se trouve un peu avancé, je m'empresse de vous témoigner dès aujourd'hui combien j'attache de prix à la visite que vous m'annoncez. Je serai heureux de pouvoir ainsi connaître personnellement un magistrat pour lequel j'éprouve déjà une profonde estime. Vous devez compter d'avance sur une cordiale disposition à vous donner alors tous les conseils que vous voudrez bien me demander.

Je n'oublierai jamais que votre adhésion au positivisme a été surtout déterminée par le cœur, en un temps où l'aptitude morale de la nouvelle philosophie ne pouvait être dignement sentie que par les plus nobles natures. Cette doctrine a maintenant assez manifesté son vrai caractère final pour multiplier beaucoup un tel mode de propagation, bien plus actif, et même plus ferme, que la puissance de la démonstration, à laquelle je devais d'abord recourir directement, afin de terminer la révolte de l'esprit contre le cœur depuis la fin du moyen âge. Quand vous aurez achevé la lecture de mon nouveau Discours, vous reconnaîtrez que le genre d'imitation dont vous offrîtes le premier un exemple alors si honorablement anticipé, va désormais devenir la base de l'ascendant moral et social du positivisme, comme cela convient à tout système destiné à une véritable universalité. Loin que ce soit un mérite, pour une doctrine générale, de ne pouvoir être comprise et appliquée sans de grands efforts intellectuels, c'est une preuve certaine d'imperfection, ou plutôt d'insuffisance, car cela prouve qu'elle n'a pu encore parvenir à embrasser réellement l'ensemble de l'existence humaine, où le cœur l'emporte infiniment sur l'esprit. Vous sentirez bientôt que le triomphe du positivisme dépend déjà, et dépendra de plus en plus, des natures, soit féminines, soit prolétaires, où dominent naïvement le bon sens et la morale, dénués (et j'ose dire aujourd'hui préservés) de toute culture artificielle, sans aucune autre direction que celle qui résulte d'un suffisant exercice spontané.

Cette appréciation compensera, j'espère, le sentiment d'insuffisance scientifique dont vous daignez me faire un si noble aveu, pleinement adapté, comme vous le dites très justement, à mon sacerdoce philosophique, déjà préparé à accueillir dignement ces légitimes effusions. Tout le monde n'est point appelé à la culture systématique de la nouvelle philosophie, afin de la développer et de la perfectionner. Il serait même très fâcheux pour la société que trop d'intelligences s'appliquassent à une fonction qui, par sa nature, doit rester concentrée chez un petit nombre d'organes. Or, c'est à ceux-là seulement que devient indispensable le long et difficile préambule scientifique par lequel j'ai dû passer, et, dont, au reste, j'ai ainsi facilité l'accomplissement ultérieur. Tous les autres n'ont aujourd'hui besoin que de vues instinctives et d'impulsions spontanées, pour se rendre très propres à propager utilement la nouvelle doctrine et même l'appliquer sagement au cours naturel de la vie réelle, soit privée, soit publique. Comme le positivisme se résume finalement en un véritable culte, il devient également accessible, par la spontanéité et par la réflexion, sans quoi il ne comporterait aucune popularité. Seulement, la première génération positiviste se trouve nécessairement, à cet égard, dans une situation moins normale que celles qui succéderont à l'établissement du nouveau système d'éducation universelle. Mais cette inévitable insuffisance est aujourd'hui compensée, sous un autre aspect, par la satisfaction exceptionnelle de concourir à fonder l'état final de l'Humanité.

Quoique le positivisme n'ait atteint que depuis environ un an la phase définitive proclamée par mon récent Discours, et malgré l'absence de tout encouragement artificiel, cette marche est tellement naturelle que déjà se confirme sa réalisation naissante, au sein de la Société positiviste que j'ai fondée depuis quelques mois. Car cette Société a eu pour premier noyau spontané une libre réunion de quelques prolétaires auditeurs de mon cours public. Les purs praticiens y figurent aujourd'hui en nombre aussi grand que les théoriciens. Dans sa composition finale, elle me semble devoir même se composer surtout de prolétaires. Quand l'accession des femmes viendra nous offrir dignement quelques véritables salons, je regarderai comme complet le système de nos moyens d'initiation et de propagation, le club, le salon et le temple ou école, que nous sommes aujourd'hui forcés de confondre dans une même réunion périodique.

En attendant, Monsieur, votre précieuse visite, veuillez agréer la nouvelle assurance de ma cordiale estime.

AUGUSTE COMTE.

IV

Paris, le lundi 18 décembre 1848.

A Monsieur DE THOLOUZE, à Libourne.

Monsieur,

Je suis très touché de votre cordial souvenir, et je regarde la pleine confiance que vous m'inspirez comme devant toujours m'offrir, de loin ou de près, de précieuses satisfactions. Vous avez bien raison de voir, en d'aussi nobles sympathies, une douce compensation permanente des tribulations inhérentes à ma destinée rénovatrice. L'isolement même de ma situation donne plus de prix à ces purs témoignages, en garantissant mieux leur consciencieuse spontanéité. Mes travaux obtiennent ainsi leur plus heureuse récompense et leur plus efficace encouragement. Déjà ces éminentes manifestations, qui annoncent de loin la voix de la postérité, ont dépassé pour moi l'espoir conçu au début de ma carrière philosophique. Quoique nécessairement rares, elles ne cessent point de se multiplier. Peu de temps après votre excellente visite, j'ai reçu, entre autres, du fond de l'Écosse (Aberdeen), une adhésion aussi complète qu'imprévue, du cœur et de l'esprit, de deux légistes très recommandables, qui s'honorent de figurer parmi les plus zélés partisans du positivisme.

Mais ces résultats caractéristiques, qui annoncent si heureusement le prochain avenir, ne sont pas encore assez multipliés pour permettre la fondation immédiate de notre *Revue occidentale*. D'après l'ensemble des souscriptions obtenues en Hollande, en France et en Angleterre, l'insuffisance des conditions matérielles m'oblige, à mon grand regret, d'ajourner une seconde fois cette importante tentative, que la situation générale rendrait pourtant si opportune dès aujourd'hui. Veuillez donc réserver pour ce nouvel essai, peut-être prochain mais indéterminé encore, la participation pécuniaire annoncée dans votre lettre du 15.

Toutefois, malgré ce fâcheux ajournement, nous devons éprouver quelque consolation à bien apprécier sa source effective. En effet, l'impossibilité de fonder immédiatement cette publication mensuelle ne tient nullement au défaut de collaborateurs convenables.

Outre la coopération décisive de M. Littré, je pouvais compter sur l'assistance régulière de six ou huit écrivains distingués quoique jeunes, et cela sans préjudice des participations éventuelles, qui déjà s'annonçaient en divers points de l'Occident. Tout cela prouve la maturité réelle d'une entreprise qui ne s'ajourne maintenant que faute de trouver chez les praticiens un appui suffisant. Il faut laisser au développement de notre orageuse situation le soin de dissiper, à cet égard, la torpeur qu'entretiennent l'empirisme et l'égoïsme des classes dirigeantes (ou plutôt résistantes). Je suis convaincu que le positivisme ne tardera pas à être surtout invoqué au secours de l'ordre, comme seule doctrine capable, suivant votre juste appréciation, de soutenir dignement ce redoutable tête-à-tête avec l'anarchie universelle qui ressort de plus en plus du milieu actuel. Quoi qu'il en soit, cette récente expérience montre déjà la situation comme normale en ce sens que la théorie se trouve enfin en avant de la pratique ; tandis que, depuis le début de la grande révolution occidentale, c'était assurément l'inverse, et même jusqu'à ces dernières années. Espérons que les praticiens dignement stimulés ne tarderont pas à fournir, à leur tour, la participation nécessaire pour que les théoriciens assez préparés puissent enfin fonctionner librement au profit commun de la réorganisation occidentale.

Cet échec philosophique vient d'inspirer une importante mesure personnelle sur laquelle votre noble concours va être bientôt invoqué. On a spontanément pensé, de divers côtés, à me procurer autrement les ressources privées que m'eût assurées si dignement la fondation de la *Revue*. Cette intervention est maintenant devenue encore plus nécessaire que quand j'écrivis l'*Appel au public occidental* qui termine mon dernier *Discours*. Depuis cette époque, j'ai perdu, malgré treize ans d'irréprochables services, l'office didactique, qui constituait mon principal moyen d'existence après ma spoliation polytechnique. Je reste ainsi sans aucune autre ressource actuelle que le traitement de *deux mille francs* attaché aux fonctions accessoires qui me restent à l'École polytechnique, et qu'on m'y ôtera peut-être à leur tour, sans égard à mes seize ans d'exercice.

Dans une telle extrémité, depuis que la nécessité d'ajourner la *Revue* est devenue incontestable, M. Littré, et plusieurs autres positivistes, ont conçu le noble projet de soutenir ma modeste existence matérielle par une souscription publique, prolongée aussi longtemps que la persécution l'exigera. Une circulaire, écrite par M. Littré, et signée aussi de onze souscripteurs primitifs, va venir invoquer franchement, à cet égard, l'appui, secret ou déclaré (comme chacun le préférera) de tous les positivistes de l'Occident, et même de tous ceux qui, sans aucune sympathie philosophique, sentent dignement l'iniquité de la persécution dont je suis l'objet. Écrite depuis plus d'un mois, cette circulaire aurait été déjà envoyée partout si les préoccupations suscitées par l'élection du président n'avaient déterminé l'ajournement des exemplaires destinés à la France.

Votre connaissance actuelle de mon caractère doit vous indiquer ma disposition spontanée à accepter sans hésitation cette noble mesure exceptionnelle, qui me permettra d'employer dignement au service fondamental de l'Humanité la douzaine d'années de pleine vigueur cérébrale qui me restent encore, sans perdre aucun temps précieux à lutter péniblement contre la misère. Quand le moment sera venu de remercier les auteurs de cette tutélaire intervention, je signalerai publiquement un tel acte comme l'inauguration spontanée des véritables mœurs républicaines, et l'annonce décisive de la nouvelle chevalerie qui doit paralyser un jour toute dangereuse oppression. Certain d'avoir mérité, par l'ensemble de mes services, une telle protection publique, j'ai toujours été disposé à accepter, en ce genre, tout ce qui serait pleinement avouable, comme aussi honorable pour celui qui en est l'objet que pour ceux qui y coopèrent. Si le positivisme était tellement répandu que mon existence pût reposer sur des souscriptions *d'un centime par jour,* je m'en tiendrais encore plus honoré.

J'espère donc n'avoir bientôt qu'à me féliciter de la dernière catastrophe personnelle qui a suscité enfin cette noble sollicitude collective. Ma juste indépendance privée et la paisible continuation de mes travaux vont ainsi se trouver garanties par une mesure généreuse qui a l'heureuse propriété d'exciter à la fois le sentiment social chez celui qui en est l'objet, chez ceux qui y participent, et même chez les spectateurs attentifs. Je pourrai dès lors attendre patiemment que l'autorité publique répare dignement les iniquités commises envers moi depuis dix ans. Les jeunes philosophes qui veulent désormais vouer sérieusement leur vie au sacerdoce de l'Humanité apprendront, par un tel exemple, à braver les persécutions pécuniaires, seules réelles aujourd'hui, d'après la certitude morale d'obtenir, à leur tour, une pareille protection, quand ils l'auront assez méritée. En un mot, les nouveaux rapports entre la classe active et la classe spéculative tendent ainsi à se régulariser. Car, le sacerdoce positiviste ne devra être directement entretenu par un budget officiel, qu'après avoir longtemps vécu de libres souscriptions privées.

L'extension imprévue de cette lettre, et le peu de temps qui me reste, ne me permettent pas de vous féliciter aussi amplement que je le désirerais sur la rare justesse de votre lumineuse appréciation quant à la dernière élection, considérée comme un symptôme spontané de notre vraie situation générale. Cet événement, sans exemple depuis le début de la grande crise, me semble, comme à vous, comporter une signification beaucoup plus profonde que celle qu'on lui attribuera communément. Je n'hésite point à adopter votre avis sur l'annonce solennelle qui surgit ainsi d'une lutte politique entre les campagnes et les villes. L'ensemble du passé moderne m'a fait, depuis longtemps, prévoir ce conflit final, et divers symptômes m'en avaient annoncé, il y a quinze ans, l'essor partiel, en certains points de l'Occident. Mais cette inévitable conséquence de notre anarchie morale n'est plus bornée à quelques cantons suisses, etc. La voilà décidément installée au foyer même du grand mouvement occidental. Depuis la fin du moyen âge, les villes ont remorqué les campagnes, sans trop les consulter. Celles-ci réagissent, à leur tour, contre cette subordination normale, souvent devenue abusive. Au nom de l'anarchie spirituelle, elles prétendent enfin à commander aussi. Toutefois, je ne crois pas que cette réaction naturelle puisse devenir très dangereuse, par la difficulté qu'éprouveront toujours les campagnes à concentrer assez leur intervention. Mais il en résultera une puissante stimulation habituelle à s'occuper enfin dignement de la masse agricole, dont les légitimes intérêts sont encore si peu respectés.

Veuillez, Monsieur, voir dans l'extension et la cordiale franchise de cette réponse empressée une nouvelle confirmation de l'affectueuse estime que je vous ai vouée.

AUGUSTE COMTE.

P.-S. — Je comptais vous entretenir d'un travail important, dont s'occupe, depuis six semaines, la Société positiviste. Mais le temps et le papier me manquent aujourd'hui sur ce sujet. Ce sera donc pour une autre fois. Il s'agirait d'instituer directement le système de commémoration qui peut le mieux caractériser et propager le positivisme, en signalant son aptitude exclusive à glorifier dignement toutes les phases et tous les aspects de la grande évolution humaine, depuis Moïse jusqu'à Gall. J'ai déjà construit, à cette fin, un calendrier positiviste, qui, pour chaque jour de l'année, remplacerait le culte catholique par une noble célébration systématique. En soumettant peu à peu ce travail au contrôle de la Société positiviste, j'espère lui procurer une autorité qui m'inviterait à publier bientôt séparément cette anticipation spéciale sur le dernier volume de mon second grand ouvrage.

V

A Monsieur DE THOLOUZE, Magistrat,
à Périgueux.

Paris, le samedi 31 mars 1849.

Monsieur,

Je suis heureux de pouvoir encore, suivant ma coutume, répondre immédiatement à la bonne lettre que j'ai reçue hier. Votre loyal concours à la noble intervention organisée pour moi par M. Littré me touche beaucoup, sans toutefois me surprendre aucunement. Croyez que je suis aussi très sensible à vos affectueuses exhortations sur les démarches officielles qui pourraient tendre à améliorer ma désastreuse situation matérielle. Jamais la réparation qui m'est due n'a été, ni, j'espère, ne sera empêchée par aucune raideur, ni obstination déplacée de ma part. Mais je ne crois pas à la possibilité du succès, tant que durera la présente allure. L'occasion qui s'offrit l'an dernier était la plus favorable que pût trouver ma juste réintégration, et mes lâches ennemis y ont pourtant prévalu. Si cela dépendait du gouvernement, comme il est naturel que vous le pensiez, j'aurais beaucoup d'espoir, quel qu'il fût. Mais aujourd'hui, encore plus qu'auparavant, le gouvernement ne gouverne pas : son caractère rétrograde ne lui laisse de puissance réelle qu'en cas d'anarchie imminente. Quand l'insurrection ne gronde pas, il ne peut rien contre les iniquités même qu'il réprouve le plus. L'ascendant de quelques misérables coteries scientifiques, qu'un pouvoir un peu populaire braverait si aisément, constitue, pour nos prétendus gouvernants, un obstacle insurmontable. Or, c'est de ces coteries que dépend immédiatement mon sort polytechnique ; et jamais le *pouvoir* n'a osé leur tenir tête suffisamment, même entre les mains du maréchal Soult, qui se prononça si fortement contre ma persécution. Le ministère fut occupé, l'an dernier, par un de mes élèves (le général La Moricière). Je le mis en mesure formelle d'intervenir dignement contre ma spoliation; il m'accueillit fort bien, me donna officiellement raison sur tous les points après une longue explication de toutes ces iniquités, et finit par me déclarer que leur réparation était au-dessus de sa puissance. Quoi qu'il en soit, comptez que je ne négligerai aucune occasion favorable, s'il s'en présente pour quelque démarche raisonnable. Mais je crois bien plutôt que ces misérables haines scientifiques, émanées de la plus lâche et, au fond, la plus immorale de nos classes françaises, s'efforcera de poursuivre encore davantage ma ruine, en m'ôtant le chétif office poiytechnique qu'ils m'ont laissé par crainte d'esclandre public. Assujetti aussi à leur réélection pédantocratique, il me sera probablement ravi l'an prochain, malgré dix-sept années consécutives d'un irréprochable exercice. Je suis d'ailleurs persuadé que les mêmes coteries s'efforcent d'annuler mon dernier appel au public pour obtenir de l'ouvrage comme professeur privé de mathématiques. Leur influence ne leur permet que trop de détourner les élèves qui seraient disposés à me venir. Au fond, il n'y a guère d'issue immédiate dans ma situation matérielle que par la noble voie qu'ouvre M. Littré, et envers laquelle ma préférence confirme pleinement la vôtre. Je crains pourtant, comme vous, qu'elle ne soit insuffisante. Mais, si cela est, il ne faudra l'attribuer surtout qu'à la tiédeur de mes adhérents, beaucoup plus qu'à leur petit nombre. Les partisans de la philosophie positive sont déjà assez multipliés pour que mon modeste revenu fût assuré, si chacun d'eux y sacrifiait, en moyenne, seulement *cinq* francs par mois. Le mal réside surtout dans l'influence égoïste d'un milieu profondément anarchique, qui laisse le cœur insensible aux naissantes convictions de l'esprit.

Depuis quelque temps, on m'avait annoncé, d'après les journaux, votre juste avancement. Je vous félicite de l'avoir noblement accepté, en surmontant vos convenances personnelles. L'hommage que vous en voulez bien faire indirectement à vos convictions philosophiques me semble digne de vous et d'elles. Il faut, en effet, que la nouvelle synthèse se fasse communément apprécier en améliorant profondément ses vrais sectateurs, qui, loin de dédaigner ainsi leurs spécialités actuelles, y deviendront plus propres. Nous devons instituer, au profit du public, une large et loyale concurrence envers tous nos adversaires, en luttant toujours à qui remplira le mieux ses divers devoirs personnels, domestiques et sociaux. Cette appréciation pratique doit concourir encore davantage que l'appréciation théorique au légitime ascendant du positivisme. Que seraient nos convictions si d'abord elles ne perfectionnaient pas notre propre conduite ?

En regrettant avec vous que le nouvel emploi de votre temps diminue votre loisir philosophique, je partage entièrement votre judicieuse confiance dans l'efficacité continue de l'élaboration insensible, par laquelle notre cerveau assimile sans cesse les matériaux introduits. Il n'est pas de penseur qui n'ait pu en vérifier l'influence décisive. Au fond, les lectures, et même les méditations senties, n'ont surtout d'effet qu'en dirigeant ou provoquant une telle assimilation spontanée. C'est un des motifs les plus propres à caractériser la puérile inanité de la prétendue méthode psychologique, uniquement fondée sur une *observation intérieure*, à laquelle échappe ainsi nécessairement la majeure partie de l'élaboration mentale, qui est complètement imperceptible.

Je vous ai adressé mardi une nouvelle publication intéressante de notre Société positiviste. Dans ma première élaboration, ce projet fut destiné, il y a six ans, à régénérer radicalement l'École polytechnique, comme application naturelle de ma théorie encyclopédique. Mais je me suis ensuite pleinement convaincu, et même à mes dépens, que cette école n'est nullement régénérable aujourd'hui, et qu'il vaut beaucoup mieux la supprimer pour en fonder une autre, à la fois plus rationnelle et plus morale. Son coupable attachement à d'odieux monopoles commence à soulever contre elle d'énergiques animosités populaires, contre lesquelles je pense que, au premier ébranlement, elle succombera. J'ai donc attaché de l'importance à publier déjà le plan d'une nouvelle école, éminemment adaptée aux besoins principaux de la grande transition occidentale. Vous pouvez y remarquer que la magistrature n'est pas oubliée dans l'indication des carrières publiques qui s'alimenteraient à cette source systématique.

Avant le milieu d'avril, j'espère aussi vous envoyer le *Calendrier positiviste*, que je vous annonçai à l'entrée de l'hiver, et qui est maintenant sous presse. Nous offrirons ainsi à la commune vénération de l'Occident une digne hiérarchie d'environ *cinq cents* noms d'élite, consacrant notre reconnaissance envers l'antiquité, le moyen âge et la préparation moderne. Cette construction caractéristique m'a paru indispensable pour organiser la transition occidentale. En effet, la juste glorification du passé complète ainsi la systématisation du présent par notre théorie du Gouvernement révolutionnaire, et la préparation de l'avenir par la fondation de l'École positive. Afin d'augmenter l'efficacité sociale de ce complément, où la conciliation entre l'ordre et le progrès est si pleinement instituée, je compte, dès l'an prochain, mettre en pratique publique ce système de commémoration, si on me le permet. J'ai déjà présenté comme une introduction dogmatique à ce culte concret le cours que je viens de rouvrir avec succès, malgré les idéologues et les psychologues, sur l'histoire générale de l'Humanité. Les femmes commencent à sentir, avec leur profondeur morale, la puissance et le charme de la nouvelle synthèse universelle, surtout celles qui furent ardemment catholiques.

En répondant enfin à la dernière partie de votre intéressante lettre, je déplore comme vous, la rétrogradation empirique et égoïste qui semble nous entraîner maintenant. Mais je suis convaincu qu'elle est très superficielle, et que loin d'atteindre aucunement son but, même passager, elle suscite une nouvelle et orageuse secousse, où d'ailleurs la républicue sera inébranlable.

L'action de gouverner se compose de deux efforts combinés, l'un pour pousser, l'autre pour retenir. C'est pourquoi nous n'avons pas à proprement parler de gouvernement, parce que ces deux influences sont dispersées et même contradictoires. La bourgeoisie, qui croit gouverner, ne fait, au vrai, que résister, et c'est réellement le peuple qui dirige, quoique sans règle ; quand il a une véritable volonté, on lui cède d'assez bonne grâce, pour peu qu'il garantisse l'ordre. Nous n'aurons un vrai gouvernement que quand cette impulsion populaire deviendra ouvertement prépondérante et suffisamment systématique : jusque-là, il n'y a guère de possibles que des tiraillements stériles et ignobles. Quant à la monarchie, constitutionnelle ou non, elle est irrévocablement perdue. Cet amendement antifrançais se trouve maintenant épuisé, après trois essais désastreux. L'espèce de stathoudérat qui vous semble imminent ne me paraît susceptible d'aucune chance sérieuse, car les trois prétendues monarchies qui succédèrent à la Convention ne furent pas autre chose au fond, l'hérédité y était une illusion ridicule. Ce n'est point à dire que le pouvoir central ne pourrait pas être monocratique et viager. Au contraire, cela serait très possible, mais à une seule condition, sa direction vraiment populaire, son esprit dignement progressif. Toute monocratie rétrograde est impossible, et ne constituerait d'ailleurs qu'une source immédiate d'immenses perturbations, en justifiant presque les plus anarchiques impulsions. Loin d'être surpris, l'an dernier, par l'avènement de la république, nous devions, au point de vue historique, nous étonner qu'elle n'eût pas prévalu plus tôt. Car elle était certainement possible dès 1830, comme je le dis alors à tous les observateurs. La *surprise* qu'on affecte de déplorer en 1848 n'eut vraiment lieu que dix-huit ans plus tôt, où la république fut réellement *escamotée* par les meneurs bourgeois, grâce aux inquiétudes anarchiques qu'inspiraient ses partisans. Aujourd'hui l'attitude populaire est irrévocablement prise, et les obstacles n'aboutiront qu'à la fortifier. Dans la partie négative de la révolution, le peuple fut seulement l'auxiliaire de la bourgeoisie pour renverser la domination ancienne. Mais, depuis l'an dernier, et surtout depuis juin, il a manifesté assez sa volonté prononcée de diriger à son profit la partie positive de la révolution. Les bourgeois ne pourront, à cet égard, que sanctionner une telle politique, quand elle aura concilié assez les conditions d'ordre avec les besoins de progrès. Toutes les solutions bourgeoises sont épuisées et leur insuffisance est notoire. Le système de rétrogradation ou d'immobilité réduit aux plus misérables expédients, ne pourrait s'appuyer réellement que sur l'armée. Or, de nos jours, l'armée, du moins en France, se compose de prolétaires qui bientôt seront entraînés à seconder l'évolution politique de leur classe, et même à lui servir peut-être d'organes légaux. Je crois donc, comme vous, que la présidence actuelle ne subsistera point. Mais, au lieu de se concentrer en monarchie ou monocratie, elle me semble devoir se transformer bientôt en triumvirat et je souhaite qu'il ne soit pas sanglant. Le bonapartisme est un anachronisme sans consistance, dont les chefs naturels touchent à la tombe. Au fond, leur héros lui-même succomberait aujourd'hui à cette rude tâche, qu'il n'accomplit jadis qu'avec des moyens beaucoup plus efficaces et sous des circonstances bien autrement favorables. Les roués qui, depuis vingt ans, rêvent la restauration impériale, ont été forcés, par l'esprit du siècle, de travailler eux-mêmes contre leur propre dessein en dépeignant le héros rétrograde comme le représentant essentiel de la révolution. Ce mensonge historique n'a réussi que quant aux personnes, mais en obligeant à abandonner les principes impériaux. Si le président actuel avait pu être vraiment dangereux pour la république, c'était dans la huitaine de son élection, où sous le poids de ses six millions de voix, il pouvait écraser l'assemblée et tenter d'écarter la république. Mais le moment opportun est maintenant passé et s'éloigne de plus en plus. L'insignifiance politique d'un personnage réduit presque à la représentation le discrédite rapidement ; si tant est qu'il eût sérieusement des intentions despotiques (ce qui me semble fort douteux), il y a sans doute déjà renoncé essentiellement, quoique ses amis puissent les conserver. Tous les ambitieux actifs sont maintenant rattachés à la république, malgré leurs répugnances de l'an dernier qui ne reposaient sur aucune vraie conviction monarchique. Ils espèrent de plus en plus y trouver une meilleure carrière pour leur ambition extravagante. Au fond, je crois qu'ils se trompent en comprenant la république comme le régime d'omnipotence parlementaire. L'expérience ne tardera pas à les détromper. Quand le pouvoir central passera à des chefs vraiment populaires, l'assemblée se sentira bientôt annulée par son énergique ascendant, alors assisté des plus vives sympathies. Mais l'erreur actuelle de nos tribuns métaphysiques est fort naturelle, et elle contribue momentanément à maintenir la république, dont la première année était la plus difficile à passer. Au fond, quoiqu'il n'y ait nulle part de vraies convictions, c'est là aujourd'hui qu'on trouve des sentiments qui en tiennent lieu.

Entraîné par cette intéressante causerie, je n'ai plus que la place suffisante pour vous rappeler de nouveau mon affectueuse estime.

Auguste Comte.

VI

A Monsieur DE THOLOUZE, Magistrat
à Puybarban, par La Réole
(Gironde).

Paris, le lundi 8 Shakespeare 61
(17 septembre 1849).

Monsieur,

Je m'empresse de répondre à la noble lettre que j'ai reçue avant-hier, et dont la seconde lecture vient de me procurer une profonde satisfaction. La nouvelle philosophie m'a toujours semblé devoir être encore plus invoquée pour défendre l'ordre que pour diriger le progrès. Je ne suis pas étonné qu'une telle aptitude soit déjà sentie dignement parmi ceux que le cœur plutôt que l'esprit a conduits au positivisme. Surtout envers les plus hautes questions sociales, on reconnaîtra de plus en plus que nos doctrines sont seules capables de protéger systématiquement tous les dogmes fondamentaux relatifs à la famille et à la propriété, radicalement ébranlés par une métaphysique corrosive et gravement compromis par une impuissante théologie. Mais cette efficacité mentale et morale ne peut se réaliser pleinement que sous la condition permanente d'une libre discussion, où l'on ne se propose que de convertir ses adversaires sans les punir. Des auxiliaires tels que la prison et l'amende gâtent nécessairement les meilleures démonstrations, et aujourd'hui ils en neutralisent presque entièrement la puissance sur les cœurs et les esprits qu'il s'agit de discipliner. Le principal danger de la compression rétrograde que l'on s'efforce maintenant de développer à grands frais consiste surtout à prolonger le crédit des jongleurs subversifs et des utopistes anarchiques, qui, sous une libre discussion, seraient déjà privés de leur principale influence, dans une situation éminemment propre à manifester leur inanité. Par cette stupide violence, nos prétendus gouvernants semblent s'avouer incapables de soutenir dignement ces controverses inévitables, et sans doute ils n'ont pas tort. Quand cette indispensable lutte finale sera philosophiquement engagée, il faudra bien, en effet, que la défense de l'ordre social passe à de meilleurs organes que ceux qui, au fond, ont des principes aussi anarchiques que leurs adversaires et sont seulement mus par de grossiers intérêts personnels ou collectifs. C'est alors que votre noble langage pourra librement acquérir toute son autorité surtout auprès de nos dignes prolétaires, seule ressource solide pour l'ordre comme pour le progrès. Dans cette immense masse se trouvent les hommes les plus disciplinés, tant de cœur que d'esprit : partout ailleurs on ne trouve guère que des ambitions illimitées dont chacune répugne à toute subordination habituelle. C'est aujourd'hui le peuple seul qui sent profondément, d'après son admirable instinct pratique, la profonde maxime du grand Corneille :

On va d'un pas plus ferme à suivre qu'à conduire.

Vous avez justement présumé que j'approuverais beaucoup la belle définition de la *démocratie* contenue dans le discours que vous avez bien voulu m'envoyer. Seulement, j'ai toujours évité, autant que possible, d'employer ce terme, que la métaphysique moderne a rendu vague et même subversif. Mais je sais bien que votre tribune officielle ne saurait être à cet égard aussi libre que ma chaire philosophique. Dans le cours que je viens d'achever sur l'histoire générale de l'Humanité, et dont vous recevrez le programme avec cette lettre, j'ai publiquement remplacé cette dangereuse expression par la dénomination systématique de *sociocratie*, qui sera pour l'avenir normal, envers la *sociologie*, l'équivalent de ce que fut jadis la *théocratie* envers la théologie, afin de mieux caractériser la relation nécessaire du régime au dogme, comme les mots *sociolâtrie* et *théolâtrie* caractérisent les deux cultes respectifs. La nature hybride de mes nouveaux termes a peu d'inconvénients réels, et elle offre le précieux avantage historique de rappeler directement les deux sources essentielles de notre civilisation, romaine par les institutions et grecque par les idées. Mais le mot *sociocratie* est surtout préférable à *démocratie*, comme autant relatif à la continuité qu'à la solidarité.

Au sujet de ce cours, vous connaissez peut-être l'étrange brutalité officielle qui a empêché mes deux séances finales, accomplies seulement chez moi pour une portion de l'auditoire. Je crois que M. Littré a flétri en deux mots cette stupide mesure dans quelqu'un des mémorables articles que cet éminent collègue consacre, presque tous les lundis depuis deux mois, dans le *National*, à mon *Discours*. En m'accordant cette salle il y a six mois, par la consciencieuse intervention d'un estimable représentant (M. Vieillard), le gouvernement connaissait pourtant l'esprit et le but de cette suite de prédications positivistes, puisque ce *Discours* avait été spécialement envoyé et lu à cet effet. Mes séances ont toujours été suivies pendant quatre grandes heures avec un profond recueillement continu. Rien n'excuse donc l'interdiction qui m'a frappé au moment où j'allais finir. Elle constitue l'un des symptômes les plus évidents de la profonde incapacité des puissants du jour, qui prétendent ainsi empêcher l'essor de la seule doctrine aujourd'hui propre à discipliner les cœurs et les esprits populaires. C'est gratuitement appeler des tempêtes et on n'y réussira que trop. Ne semblerait-il pas que pour guérir notre intime anarchie, il suffise de fermer les yeux et d'interdire l'examen ! Si encore ceux qui ainsi croient gouverner, quand ils ne font que résister faiblement, quoique avec violence, profitaient de ce morne silence pour étudier à loisir la question ! Mais, au fond, comme ils sont incapables de toute méditation semblable, ils ne visent alors qu'à diminuer leur impuissance. Je ne crois pas que l'aveuglement des frivoles courtisans de Marie-Antoinette, à l'approche de la grande explosion, soit aucunement comparable à ce stupide délire de nos meneurs bourgeois au milieu de la plus intime révolution que comporte l'humanité.

Votre affectueuse sollicitude sur ma situation personnelle m'oblige à vous apprendre, avec ma sincérité habituelle, qu'aucune amélioration ne s'est encore accomplie à cet égard, en sorte que le mal va toujours croissant. Il n'y a pas le moindre espoir d'une prochaine réparation officielle, à moins d'éventualités fort invraisemblables. Peut-être même va-t-on bientôt consommer l'iniquité légale en m'ôtant, à la prochaine réélection (en novembre), malgré dix-sept ans consécutifs d'irréprochables services, la minime place polytechnique qui me reste encore. Du moins je m'y suis toujours attendu dès le début de la persécution, et je prédis officiellement au maréchal Soult cette conséquence finale, quand la principale spoliation s'accomplit en 1844. Il dut s'en étonner peu, lui qui a dû tant éprouver combien est insatiable la haine des lâches. Au reste, l'École polytechnique est une institution épuisée, qui ne tardera pas à succomber entièrement sous les justes répugnances qu'excitent de plus en plus ses odieux monopoles, aujourd'hui qu'il ne peut plus exister de prestige durable sur les vices et les dangers d'un tel établissement, qui n'a jamais vécu réellement que sur son éclat initial, dû surtout à l'élan révolutionnaire. Quant à la noble souscription instituée par M. Littré, je persiste à compter sur ce patronage exceptionnel pour neutraliser entièrement ma longue persécution. Mais les résultats en ont été jusqu'ici insuffisants, et à peine équivalents à la moitié de l'indication énoncée dans la circulaire, après la plus modeste évaluation de mes strictes nécessités. Je suis donc maintenant en grave souffrance matérielle, qui peut-être atteindra bientôt mon existence morale, si je suis forcé de quitter un domicile où se rattachent, comme vous le savez, mes plus sacrés souvenirs. Mais une conscience sans reproche me permet de tout supporter aisément. J'ai assez d'énergie pour me résigner d'avance aux plus extrêmes tribulations, de manière à les subir dignement, et même en conservant ma pleine santé, qui, au fond, n'a jamais été aussi complète qu'aujourd'hui.

Outre le culte privé qui m'offrira toujours d'intimes compensations, je suis surtout soutenu par le sentiment de ma mission publique, qui acquiert chaque jour une importance et une consistance nouvelles, d'après son harmonie de plus en plus évidente avec notre lumineuse et entraînante situation. Le positivisme a maintenant pris son caractère irrévocable, puisque, dans mon dernier cours, il a été ouvertement présenté et accueilli comme la Religion finale, seule complète et réelle, qui vient aujourd'hui remplacer toutes les religions provisoires, d'abord en Occident, puis successivement partout. Au point où nous sommes parvenus, son essor ne peut plus être arrêté, et la persécution ne ferait que l'accélérer, outre qu'elle est aisément neutralisable comme ne pouvant guère atteindre que la fortune et non la vie ni même la liberté. Si les *docteurs en guillotines* avaient un instant le dessus, ce qui constitue la plus défavorable hypothèse (que la sottise et l'égoïsme des prétendus défenseurs de l'ordre peut seule rendre plausible), je saurais braver et surmonter leur compression sanguinaire : depuis longtemps je me tiens prêt à tout, et jamais l'esprit de désordre n'obtiendra de moi la moindre concession. Je laisse à la constante pureté de mes sentiments et de ma conduite le soin de rendre cette inflexibilité philosophique (et désormais religieuse) exempte de tout extrême danger personnel. Même dans cette triste supposition, que la sagesse populaire saura, j'espère, écarter, je ne craindrais pas de succomber avant le temps convenable à une suffisante réalisation de mes travaux.

Vous concevez ainsi, Monsieur, que mes tribulations actuelles ne m'empêchent nullement de sentir la grandeur, et j'ose dire le charme, d'une existence publique et privée qui a maintenant atteint une harmonie finale qui n'offre, je crois, aucun équivalent historique. Le républicanisme spontané de ma première jeunesse se trouve irrévocablement lié à ma pleine maturité philosophique, et notre situation fondamentale offre à cette puissante unité le plus admirable champ que je puisse désirer pour les dix ou douze années de vigoureuse activité qui me restent encore, et après lesquelles une noble retraite me préservera, j'espère, du fatal archevêché de Grenade. Je n'ai pris aucune part directe et spéciale aux deux révolutions dont je fus le témoin presque passif, sauf la préparation indirecte et générale inhérente à mon essor philosophique : je ne compte pas d'ailleurs la chute de Bonaparte, où mes seize ans m'interdisaient de participer, quoique déjà je n'y fusse nullement indifférent. Les deux révolutions essentiellement négatives de 1830 et 1848 ne pouvaient convenir à ma nature, ni d'esprit ni de cœur, et je me suis borné à les subir comme le gros du public. Mais vient maintenant à grands pas une nouvelle révolution, qui sera bientôt vraiment positive, et que je m'efforce, depuis plus d'un an, de régler et d'adoucir autant que le peut un philosophe, fermement résolu à rester toujours tel, pour fonder, au milieu d'inévitables bouleversements dus aux fautes de tous (et surtout des puissants) le régime final de l'Humanité.

Déjà le communisme est essentiellement éliminé

au centre de l'Occident, d'où ses meilleurs organes sont allés misérablement cristalliser en Amérique. Mais sa réaction inaperçue a transformé l'ancien républicanisme en ce qu'on appelle le *socialisme*, qui, chez les prolétaires, ses seuls véritables représentants, constitue l'interprétation positive du vrai principe républicain, la consécration directe et exclusive de toutes nos forces quelconques au service continu de l'Humanité. A ce sentiment, jusqu'ici perturbateur faute de direction, il ne manque qu'une doctrine correspondante, et leur ensemble régénérera le monde. Or, le positivisme constitue certainement cette doctrine, en sorte qu'il devient aujourd'hui le socialisme systématique ; ou, sous un autre aspect, le socialisme n'est réellement chez nos prolétaires, surtout parisiens, que le positivisme spontané. Je me vois ainsi investi de la direction mentale et morale d'une immense révolution prochaine, destinée à terminer enfin la révolution occidentale, et où une théorie vraiment adaptée à la pratique pourra exercer une sainte efficacité, dont le passé ne pouvait nous offrir aucun exemple. Sans l'empirisme et l'égoïsme des classes soi-disant dirigeantes, cette révolution pourrait être paisible, du moins en France. Mais cet empirisme et cet égoïsme constituent eux-mêmes d'inévitables éléments de la maladie, en sorte qu'il faut encore s'attendre encore à quelques violents orages, qui seront peut-être sanglants, du moins par accès. Une prévision nette et ferme de l'avenir humain peut cependant permettre aux âmes pures et énergiques d'atténuer beaucoup la gravité de ces chocs, inévitables, en s'opposant avec constance aux mauvaises passions et aux aberrations anarchiques. Tel est le motif sacré qui surtout encourage mes efforts continus, bien plus que la juste gloire de fonder l'état final de l'Humanité.

Pour mieux caractériser cette action systématique du positivisme dans notre milieu révolutionnaire, j'ai été récemment conduit à une innovation qui ne paraîtra secondaire qu'aux esprits sans portée, trop peu susceptibles d'apprécier l'importance des signes bien institués. Il s'agit d'un changement de drapeau destiné à prévenir ou écarter le fatal drapeau rouge, afin de mieux séparer les véritables socialistes d'avec les niveleurs métaphysiques qui déjà s'apprêtent à les exploiter et à les salir.

Une phrase de mon *Discours* a dû vous indiquer d'abord le drapeau commun à tout l'Occident. La couleur verte, symbole naturel et unanime de l'espérance et même de la paix, y convenait au régime où l'on a toujours en vue l'avenir. Il sera surmonté (au lieu de lance, aigle ou coq) de la statuette de l'Humanité, représentée naturellement par une femme de trente ans tenant son fils entre ses bras, dernière transformation de *Notre-Dame*. D'un côté, il portera l'inscription politique (*Ordre et Progrès*) et de l'autre l'inscription morale (*Vivre pour autrui*), dont l'ensemble caractérise le vrai régime final.

Ce drapeau occidental une fois conçu, j'en fais dériver chaque drapeau national, en y joignant une simple bordure aux couleurs propres de chaque population. Pour la France, ce sera donc une bordure tricolore, où devra toutefois dominer le blanc, en mémoire de notre antique drapeau.

En exposant cette petite théorie du drapeau, comme application naturelle de la politique positive, dans l'avant-dernière séance de mon cours, j'ai eu la satisfaction de reconnaître combien elle dénoue heureusement une difficulté sérieuse, qui, laissée sans solution systématique, tendrait à entraîner prochainement le vrai parti progressif vers l'aveugle adoption, du moins provisoire, d'une affreuse bannière. Ces entraînements spontanés ne sont pas encore assez développés pour qu'on n'en puisse point prévenir les suites, en donnant à temps une juste satisfaction à un besoin de plus en plus senti de quitter les insignes dégradées par Bonaparte et par Louis-Philippe. La seconde partie de la grande révolution pourra ainsi se mieux distinguer de la première, même à l'œil. Cette paisible proclamation de la république verte indique, en un mot, une ferme résolution de s'écarter également des blancs, des rouges et des bleus. Tous ceux qui comprennent profondément la tendance sociale du positivisme, pourront ainsi s'habituer à la voir représentée nettement par un signe caractéristique.

Ces libres effusions, qui me rappellent nos bonnes soirées de l'an dernier, répondent amplement, quoique implicitement, à la demande qui termine votre lettre. En passant ainsi quelques heures cordiales avec une âme dont on se sent pleinement compris, on éprouve déjà la réaction durable qu'exercent naturellement de tels épanchements pour fortifier nos

convictions et nos sentiments par leur digne exercice spontané.

Tout à vous,

AUGUSTE COMTE.

(10, rue Monsieur-le-Prince).

VII

A Monsieur DE THOLOUZE, Procureur de la République, à Périgueux.

Paris, le samedi soir 25 Charlemagne 62.
(12 juillet 1850).

Monsieur,

En voyant le timbre de Vichy, j'étais loin de penser à vous. Mais votre lettre m'a bientôt rassuré sur
cette excursion médicale. Toutefois, quoique vous
m'annonciez ce trouble chronique comme étant sans
gravité, il m'a suscité des réflexions dont je dois
vous faire part. Un tel dérangement me semble comporter une médication plutôt morale que physique.
Car, je le crois essentiellement dû à une insuffisante
harmonie entre votre situation et votre nature, dont
les plus hautes tendances ne sont pas assez exercées.
Rien ne me paraît vous manquer quant à la vie privée. Mais, quoique votre cœur soit très propre à la

bien apprécier, elle ne saurait vous tenir lieu d'un convenable essor de la vie publique. Or, sous ce dernier aspect, votre existence n'est point encore organisée suffisamment. Le rare concours de noblesse et de tendresse qui caractérise votre âme élevée n'a pas trouvé jusqu'ici assez d'exercice habituel. Avec une telle organisation morale, vous ne pouvez être heureux, et même bien portant, qu'en vous liant profondément au grand mouvement de notre siècle, ou, malgré d'actives sympathies, vous n'avez pas encore pris une part digne de vous. Tant que cette condition fondamentale ne sera point assez remplie, aucune indication ne dissipera l'hypocondrie dont vous vous plaignez, et que l'âge, au contraire, aggraverait naturellement. Puisque vous en avez fait la confidence à un vrai philosophe, vous ne serez pas étonné de recevoir, en retour, une loyale appréciation, qui vous indique une issue peu conforme aux vulgaires décisions doctorales. En la précisant mieux, je dois surtout vous signaler franchement la réaction fâcheuse qu'exerce nécessairement, sur votre santé morale et physique, la fausse position où vous place votre récente élévation officielle. Vos nouveaux devoirs se trouvent en conflit croissant avec vos meilleurs sentiments, et même avec vos principales convictions. Il en résulte un tiraillement pénible dans l'ensemble de votre existence morale, et par suite une tendance vraiment maladive. Je sais que vous êtes assez dégagé du grossier matérialisme qui domine encore nos explications médicales, pour sentir la réalité et l'importance d'une telle appréciation. Malgré son morcel-

lement scientifique, l'étude de l'homme est véritable-
ment unique : le moral et le physique, la vie privée
et la vie publique, n'y doivent être finalement
appréciés que dans leur *consensus* total, d'où dépend
chaque prescription spéciale.

La foi métaphysique est trop altérée maintenant
pour qu'on puisse ériger en devoir civique le service
officiel des volontés quelconques d'une assemblée vicieuse, qui décore du nom de *lois* ses décisions éphémères. En même temps, un citoyen aussi apte que
vous à combattre dignement les anarchistes ne saurait voir sans répugnances des auxiliaires tels que
l'amende et la prison, dont la désastreuse assistance
paralyserait les meilleures discussions. Moi-même,
quoique étranger à cette barbarie légale, je sens que
son existence actuelle gêne souvent ma libre défense
de l'ordre fondamental contre nos jongleurs et nos
utopistes. La routine rétrograde a trouvé ainsi le
secret de rendre intéressants des hommes qui, presque toujours, seraient bientôt jugés sans valeur
mentale ni morale, si le public ne les voyait point
à travers une stupide persécution, dont l'auréole a
déjà relevé tant de noms qui se flétrissaient spontanément il y a deux ans. Ce motif a plus d'une fois
affaibli ma parole ou ma plume contre des personnages dangereux, que j'attaquerais mieux s'ils étaient
pleinement libres. On me force ainsi d'attendre le
retour de leur puissance éphémère pour les combattre ouvertement. En outre, quoique je ne lise
rien que mes grands poètes, je sais que la compression rétrograde a pris une extension vraiment

intolérable, qui peut atteindre jusqu'aux personnes les plus dignes, et qui doit inspirer un violent dégoût à tous les honnêtes gens qui se trouvent y coopérer. On semble surtout vouloir organiser un système d'hypocrisie théologique, aussi honteux et plus ridicule que l'anglicanisme. Je regrette beaucoup de voir notre magistrature ardemment vouée à une telle politique comme pour reprendre son antique rivalité avec les libres penseurs envers le gouvernement de l'opinion, qui lui a depuis longtemps échappé irrévocablement. Cette conduite a déjà modifié la disposition où j'étais, en 1848, de défendre systématiquement une telle classe contre toute tentative révolutionnaire. Un tel effet sur un philosophe impartial peut donner une idée de la vive irritation qu'inspire notre magistrature à la plupart des spectateurs habituels des luttes actuelles. Je crois donc que ce corps sera fortement attaqué et faiblement défendu dans la prochaine secousse, à laquelle la plupart de ses membres ne pourront résister.

Pour satisfaire convenablement à la seconde partie de votre lettre de Vichy, je n'ai qu'à poursuivre les indications politiques de ma réponse d'octobre. Vous savez que je m'efforçais dès lors de prévenir le fatal drapeau des niveleurs ou plutôt de préparer déjà la prompte élimination irrévocable de cette sanglante bannière, dont la conduite de nos rétrogrades me semblait rendre presque inévitable le triste ascendant passager. J'ai continué ce consciencieux office, d'une manière à la fois plus énergique, et plus solennelle, depuis que ma libre tribune hebdomadaire m'a été dignement rendue par la civique intervention d'un puissant personnage (M. Vieillard, ancien précepteur du président actuel), qui n'a jamais cessé de suivre le lent essor du positivisme avec la sollicitude d'un vrai citoyen convaincu de son aptitude à fournir la seule issue systématique de l'anarchie occidentale. Dans mon discours d'ouverture du 21 avril, j'ai hautement proclamé le drapeau occidental dont je vous ai parlé, en concurrence directe avec l'emblème anarchique. Le développement de cet antagonisme salutaire s'est ensuite accompli à chaque occasion convenable résultée de mon exposition normale. Mais, tout en indiquant ainsi aux niveleurs la fragilité de leur prochain triomphe, je ne me flatte point de pouvoir l'empêcher, malgré l'admirable sagesse des instincts populaires, sur lesquels les influences métaphysiques diminuent journellement. Je ne crois donc pas qu'il surgisse sérieusement aucune lutte légale entre le pouvoir central et le pouvoir local, déjà presque également discrédités. Tous deux succomberont à la fois sous l'impulsion révolutionnaire, dans une secousse qui, quoique matériellement désastreuse, pourra être peu sanglante, si elle se trouve assez retardée.

Depuis le Directoire, chaque *gouvernement* (pour employer le terme usité) a surtout vécu d'après les répugnances du public envers ses rivaux immédiats. C'est aujourd'hui la seule base qui soutienne réellement un système de rétrogradation aussi impuissant qu'immoral. La situation républicaine lui a promis une extension interdite au régime précédent, parce

qu'elle donne au progrès assez de garanties naturelles, en même temps qu'elle inspire pour l'ordre
de plus profondes sollicitudes. Mais tout cela est loin
d'être inépuisable, et nous touchons à l'extrême
limite d'efficacité protectrice de ces diverses influences.
Quelles que soient la patience et la sagesse du peuple, et malgré sa défiance croissante envers les indi-
gnes chefs qui veulent surgir par lui, l'égoïsme et
l'incapacité de nos rétrogrades ont tellement abusé
de ces avantages spontanés, que la population décisive semble déjà disposée à risquer un nouvel orage
plutôt que de supporter encore une compression perturbatrice si le parti du progrès donnait à l'ordre de
vraies garanties, l'explosion serait immédiate, unanime, et dès lors peu inquiétante. Mais, quoique
cette grande condition reste inaccomplie tant que le
positivisme ne guidera pas le socialisme, le peuple
n'attendra pas une demi-génération comme dans
les deux cas précédents, ou la rétrogradation, moins
aveugle et moins immorale, ne se trouvait point en
contradiction avec le principe ostensible du régime
politique. Ceux qui se sentent incapables de lutter
contre le simple nom de *république*, devraient comprendre leur impuissance à contenir la réalisation
d'un programme qu'ils n'osent désavouer. Leurs propres efforts n'aboutissent réellement qu'à consolider
l'esprit républicain, en le dégageant de plus en plus
des préjugés métaphysiques qui l'altéraient jusqu'ici.
Telle est surtout la tendance des attaques dirigées
contre le suffrage universel, d'où la situation a fait
ressortir l'heureuse influence de nos prolétaires envers

les leurres politiques. Ce résultat inattendu, mais inévitable, sépare déjà les vrais socialistes d'avec les docteurs formalistes qui aspirent encore à exploiter la nouvelle révolution. Si on tente de prolonger la présidence, j'espère que le peuple montrera de plus en plus son indifférence spontanée pour les questions *constitutionnelles*, au grand scandale de ses prétendus directeurs, dont l'état mental et moral est fort en arrière du sien. Le positivisme lui a toujours conseillé d'écarter radicalement les lettrés de toute sorte ou couleur, qui constituent aujourd'hui, encore plus que les mauvais riches, le principal obstacle à la terminaison organique de la révolution occidentale, où leur indisciplinable orgueil ne pourra jamais fonctionner utilement. Or, à l'insu des rétrogrades, toutes leurs mesures officielles concourrent à seconder cette tendance de notre situation républicaine. Elles ne comportent, au fond, aucun autre résultat sérieux.

Dans un milieu aussi favorable, le positivisme grandit sans cesse, malgré l'indigne malveillance de la presse métaphysique interposée entre le peuple et nous. Notre principe révolutionnaire qui confère aux prolétaires un pouvoir central purement temporel, en assurant aux riches un pouvoir local exclusivement financier, fait sérieusement des progrès rapides. Ce qu'on traitait presque d'utopie indiscutable il y a deux ans, se présente aujourd'hui à beaucoup d'hommes honnêtes et sensés comme la seule garantie actuelle d'un ordre matériel vraiment stable et paisible en tant que reposant sur la force réelle et livrant d'ailleurs l'ascendant spirituel au libre concours de toutes les écoles quelconques. Je viens d'apprendre sans surprise l'adoption légale de la règle que j'ai proposée alors comme unique base de la police de la presse, la signature loyale et complète de toute communication au public. Quoique ce principe moral surgisse ainsi au milieu d'une législation oppressive, son développement ne tardera point à nous en débarrasser, en faisant sérieusement prévaloir la responsabilité personnelle, seule digne et efficace, mais, à ce titre même, peu goûtée des marchands de tartines, blanches, bleues ou rouges.

Avec cette relation croissante aux besoins du jour, le positivisme continue à manifester sa destination nécessaire envers l'avenir, non seulement intellectuel, mais surtout moral et social. Le vœu que vous me citez de Chateaubriand, sur une reconstruction religieuse, comme seule capable de surmonter notre anarchie, se trouve déjà réalisé ouvertement par la *religion de l'Humanité*, qui discipline et rallie tout, à un degré auparavant impossible, d'après l'entière convergence de nos pensées et de nos sentiments vers l'unique *Grand-Être* qui puisse supporter l'examen. Notre aptitude à remplir loyalement tout le programme moral et social du catéchisme au moyen âge, se caractérise de plus en plus même dans la vie privée. J'ai exposé, l'an dernier, et je prêcherai cette année avec plus de soin encore, les *neuf sacrements* positivistes, dont l'ensemble rattache à l'Humanité toutes les phases essentielles de chaque existence personnelle, beaucoup plus systématiquement que ne le tenta jamais la religion précédente. Mon récent *Discours funèbre sur Blainville* a dû vous manifester la première apparition publique du nouveau sacerdoce dans une solennité privée, où il a directement surmonté la théologie et la fausse science. Jeudi prochain, un cas plus décisif va caractériser l'aptitude nécessaire du positivisme à régler dignement toute l'existence humaine. Quelques mois avant votre bonne visite de 1848, j'avais déjà célébré un premier mariage positiviste, où deux époux prolétaires ont signé, tout en larmes, l'engagement sacré du veuvage éternel, quoique cette propriété de la nouvelle union religieuse ne leur fût alors connue, ainsi qu'aux témoins, que d'après mon exhortation immédiate. Tous deux m'ont depuis remercié souvent d'avoir ainsi consolidé leur sainte affection mutuelle, et cet acte a même converti bientôt au positivisme la femme qui était encore catholique. Mais la spontanéité d'un tel résultat, quoique constatant mieux la puissance morale de la nouvelle religion, n'établissait point assez la consécration systématique de cette extension finale de la monogamie. Il fallait encore une application postérieure à la pleine publication de cette doctrine. Le cas du 18 juillet 1850 offrira toute la maturité convenable pour une épreuve décisive, soit d'après l'entière discussion préalable d'un dogme promulgué depuis deux ans, soit par la nature des nouveaux époux, qui ne sont plus de simples prolétaires. D'un côté, le docteur Segond, bibliothécaire de l'École de médecine de Paris : l'épouse sera assistée de son père, directeur actuel des Sourds-Muets et maire du xII^e arrondissement, pendant la majeure partie du règne orléaniste. Toutes les conditions sont donc réunies pour rendre irrécusable cette seconde démonstration de l'aptitude du positivisme envers les plus intimes besoins moraux. Mais, l'épreuve aura peu de témoins, puisque la chapelle sera mon simple salon, où le saint bouquet que vous connaissez représentera seule l'éternelle collègue sans laquelle mon cœur n'aurait jamais atteint une telle plénitude religieuse. Les procès-verbaux de ces deux actes sont peut-être destinés à une grande célébrité ultérieure. Aux vaines prétentions du catholicisme putréfié, nous substituons ainsi la puissance réorganisatrice du positivisme. Tandis que l'un ne peut empêcher d'anarchiques tendances vers le divorce, l'autre impose au lien conjugal des restrictions jusqu'ici impossibles et désormais accueillies avec reconnaissance. C'est la seule manière de répondre dignement à l'esprit de désordre, en lui prescrivant des règles plus austères au lieu des concessions qu'il réclame.

Salut et fraternité.

AUGUSTE COMTE.

(*10, rue Monsieur-le-Prince*).

VIII

A Monsieur DE THOLOUZE,
Procureur de la République, à Périgueux.

Paris, le 28 Archimède 63 (Mardi 22 avril 1851).

Monsieur,

Je commence par vous remercier de la nouvelle sollicitude témoignée si noblement, à la fin de votre lettre de samedi, envers ma situation personnelle. L'amélioration annoncée à cet égard dans ma récente circulaire est plus décisive que ne l'indique l'insignifiant accroissement de la souscription totale, car le nombre des coopérateurs a beaucoup plus augmenté que le chiffre du subside, et leur persistance semble d'ailleurs assurée. Tout me fait donc espérer que cette noble sauvegarde atteindra bientôt le taux modeste invoqué d'abord par son éminent fondateur. Malgré de graves embarras matériels, je continue ainsi à travailler avec une pleine confiance dans un prochain avenir.

Cette paisible activité se consolide graduellement par les progrès journaliers que procure au positivisme une situation qui pousse en tous sens vers l'unique issue normale de l'anarchie moderne. Vous avez raison de supposer que le milieu actuel me semble devenu beaucoup plus favorable à la nouvelle doctrine universelle que quand j'achevais mon ouvrage fondamental. Cet ascendant plus prochain et plus complet résulte d'abord du développement moral et du caractère pleinement religieux de la philosophie positive depuis la puissante régénération effective que je dus à une sainte passion, et dont les suites s'étendent journellement chez tous mes disciples surtout chez le plus éminent d'entre eux qui en subit, à son insu, une réaction admirable. En second lieu, il faut aussi l'attribuer à la lumineuse situation républicaine, qui, plaçant au grand ordre du jour les plus hautes questions sociales, en outre l'insuffisance radicale de toutes les autres écoles, et appelle énergiquement le positivisme, au secours de l'ordre encore davantage que du progrès, celui-ci étant désormais autant garanti que l'autre est compromis.

J'ai toujours pensé que la tyrannie rétrograde de Bonaparte avait retardé le mouvement occidental d'environ une demi-génération. Or, je crois maintenant que l'heureuse impulsion de 1848 nous a fait compenser essentiellement cet arriéré exceptionnel. Tel est du moins son influence à Paris, où se concentre de plus en plus la crise régénératrice, par la libre subordination du reste de la France, et même de tout l'Occident. La préface de mon nouveau volume vous indiquera bientôt ce que le positivisme a déjà gagné. Mais je puis aujourd'hui le caractériser par le notable accroissement de succès obtenu, cette année, dans mon cours hebdomadaire, que je viens de rouvrir le premier dimanche d'avril, au milieu d'un nombreux auditoire, toujours persistant ensuite à supporter des séances de quatre ou cinq heures.

Un long entretien préalable que j'eus, à ce sujet, en février, avec un puissant personnage (M. Vieillard, ancien précepteur, et le principal confident du Président actuel de la République) suffirait pour caractériser l'importance croissante que prend aujourd'hui le positivisme auprès de tous les hommes clairvoyants et honnêtes. Depuis vingt-cinq ans, M. Vieillard suit noblement l'évolution de ma philosophie, avec une persévérance vraiment civique, comme y voyant la seule garantie systématique de l'ordre social. Aujourd'hui ses convictions à cet égard se fortifient et se propagent parmi les hommes d'État, sous l'irrésistible impulsion d'une situation qui nous pousse à un terrible tête-à-tête avec l'anarchie, qu'aucune autre doctrine ne peut soutenir. Dans ces deux heures d'entretien politique, cet honorable représentant s'est hautement montré convaincu de la décrépitude totale des divers partis existants, et de l'urgence d'en constituer un nouveau, qui, écartant dignement tous les autres comme étant à la fois anarchique et rétrograde, s'empare directement de la seconde République pour terminer la révolution par la conciliation radicale entre l'ordre et le progrès. Or, c'est précisément le caractère que j'ai donné, avec autant de vigueur et de netteté possible, à mon cours de cette année. Mon discours d'ouverture a été surtout consacré à proclamer le *parti positiviste*, sa philosophie, sa religion, et sa politique proprement dite sur le présent d'après le passé et l'avenir. Je me suis particulièrement attaché à séparer profondément ce parti constructeur d'avec les misérables anarchistes, qui, sous le nom de *rouges*, constituent maintenant le principal obstacle au vrai progrès occidental, et donnent seuls, par contraste, quelque reste de valeur aux rétrogrades ou aux immobiles. Personne désormais ne pourra plus nous accoler à ces brouillons sans tête et sans cœur. J'ai d'ailleurs apprécié dignement le service essentiel que rendent aujourd'hui les conservateurs en maintenant l'ordre matériel, quelque empirique et imparfaite que soit leur attitude, seule possible jusqu'à l'avènement des hommes d'État positivistes qui ne sont pas encore assez appuyés. Toute cette appréciation a été rattachée à une loi évidente : *l'ordre restera rétrograde, tant que le progrès restera anarchique.* Mais, en même temps, j'ai caractérisé l'extrême fragilité d'un tel ordre en montrant qu'il repose sur des doctrines que désavouent leurs propres partisans, en sorte que tout se borne à des intérêts, dont l'efficacité politique est fort précaire. J'ai expliqué l'anomalie, inintelligible pour les non-positivistes, qui confie aujourd'hui le maintien de l'ordre matériel aux débris du parti rétrograde, entraîné d'ailleurs à sa propre dégradation finale, puisqu'il est forcé de reconnaître officiellement la souveraineté du peuple et l'égalité, que je combattis toujours dans mes trente ans de luttes philosophiques. Une telle inconséquence a fait ressortir que l'ordre sera flottant

tant qu'il ne se trouvera point confié à des positivistes, qui osent rejeter ouvertement tous les
dogmes anarchiques, au nom même de la grande
révolution occidentale. J'ai caractérisé la souveraineté du peuple comme *une émeute des vivants contre
les morts*, l'égalité comme un *mensonge immoral*, et
le suffrage universel comme une *maladie sociale*.
Tout cela s'est trouvé applaudi par deux ou trois
cents révolutionnaires très prononcés, qui ne sup-
porteraient d'aucune autre part un pareil langage. La
puissance du positivisme pour discipliner la révolte
actuelle devient donc de plus en plus incontestable. Il y a dix ans que je prédis qu'il sera surtout
invoqué au secours de l'ordre, dont les sollicitudes
sont bien plus vives et plus nettes que celle du
progrès. Or, cela se vérifie pleinement aujourd'hui,
où la propriété, la famille, etc., ne peuvent plus
trouver ailleurs de vrais défenseurs. En même temps,
cette irrésistible situation fait surgir l'opportunité
de nos vues politiques les plus audacieuses. Je suis
persuadé que, avant l'année 1860, je prêcherai le
positivisme à Notre-Dame, comme la seule religion
réelle et complète. En attendant, ma plus hardie
innovation politique, l'avènement des prolétaires au
suprême pouvoir central, qui paraissait un rêve
bizarre il y a trois ans, commence à devenir presque
familière. Un célèbre intrigant, plutôt effronté
qu'habile, vient de s'en emparer, à sa manière ; tout
en l'altérant beaucoup, il sert du moins à la vulga-
gariser. Quand elle reviendra, à son rang normal,
dans les dernières séances de mon cours actuel, je

lui donnerai la plus extrême précision, en allant jusqu'à proclamer solennellement les noms des trois *gouverneurs* populaires que je choisis déjà quand je fis ma proposition initiale en 1848. D'ici là, vous aurez sans doute le nouveau *Rapport* de M. Littré, comprenant l'ensemble des perfectionnements que mes deux cours précédents m'ont permis d'apporter à ma conception primitive du gouvernement révolutionnaire. Nous serons donc pleinement en mesure, sauf le nombre des partisans, pour ce qu'on appelle d'avance la crise de 1852. Mais, à mes yeux, plus l'instant s'approche, mieux je sens qu'il n'y aura point alors de crise proprement dite, du moins violente. On s'attend à l'*anarchie aiguë*, on n'aura qu'*un surcroît d'anarchie chronique*. Il consistera surtout à développer l'omnipotence de l'assemblée, et la dégradation, déjà si déplorable, du pouvoir central. C'est la dernière aberration métaphysique dont nous ayons à nous purger. Le mauvais état de l'esprit public ne nous permet pas de l'éviter, quelque désastreuses qu'en soient les suites. J'ai bien pu soulever, le 6 avril, de nobles sympathies en proclamant de nouveau, avec plus de solennité, le drapeau *vert* des constructeurs, contre le drapeau *rouge* des niveleurs. Mais ses partisans ne sont pas encore en mesure de prendre les rênes. Le public a besoin d'une dernière leçon expérimentale avant de se désabuser du préjugé des assemblées politiques. J'espère toutefois que cette expérience ne durera pas même autant qu'une législature officielle. Ayant ces trois ans de désordre administratif, les prolétaires parisiens auront irrévocablement congédié l'assemblée, et installé un énergique pouvoir central, avec la sanction tacite des provinces. Telle est, en aperçu, l'indication que vous me demandez sur mon opinion positive quant à la prochaine crise, avortée ou transformée, après laquelle je pense que le tour des positivistes sera définitivement venu, invoqués à la fois par les pauvres et les riches. Mais vous savez d'avance que cet avènement ne changera rien à ma paisible activité sacerdotale, sauf en la rendant plus sûre et plus digne. Aucune tentation ne fera, j'ose le garantir, jamais tomber le fondateur du positivisme dans la faute capitale de son éminent précurseur, Condorcet, qui se mêla si déplorablement aux hommes d'action, quand il aurait dû garder plus strictement l'attitude philosophique. Mes convictions fondamentales sont trop arrêtées, depuis vingt-cinq ans, sur la division des deux pouvoirs, pour que le libre *conseiller* général de la nouvelle république aspire jamais à figurer parmi ses *gouverneurs* quelconques. Je suis, et serai toujours de plus en plus le *prêtre* de l'*Humanité,* et mon influence en deviendra plus complète comme plus pure et plus calme. Mais je dois avoir de l'ambition pour les autres, et je me félicite d'en avoir inspiré sérieusement à quelques-uns de ceux que je juge dignes d'être poussés au suprême pouvoir pratique : aucun d'eux, je le sais, ne me contestera jamais le pouvoir théorique.

Ces importantes indications sociales m'ont tellement entraîné qu'il ne reste aucune place pour examiner la déplorable fluctuation mentale que votre lettre me révèle sans me surprendre. J'y reviendrai, comme elle le mérite, si vous m'en fournissez une prochaine occasion. Ne craignez pas de me déranger : l'abstinence des journaux et des lectures vulgaires me permet de donner à un commerce aussi intéressant tout le temps convenable, sans nuire aucunement à mes travaux.

Tout à vous,

AUGUSTE COMTE.

(10, rue Monsieur-le-Prince).

P.-S. — Je vous remercie d'avoir dignement accueilli le jeune ouvrier mécanicien que je vous ai adressé comme mon confrère. Vous sentirez bientôt, j'espère, que M. Penot mérite toute notre estime, tant privée que publique.

IX

A Monsieur DE THOLOUZE, à Périgueux.

Paris, le 25 Dante 63 (Samedi 9 août 1851).

Monsieur,

Je suis heureux d'apprendre le bon effet de votre nouveau séjour aux eaux, dont l'efficacité me semble ordinairement plus morale que physique. Si je l'avais su à temps, j'aurais pu vous procurer, à Vichy, l'agréable société d'un jeune officier d'artillerie, éminent positiviste, M. de Blignières, qui s'y trouvait aussi en juin. De son côté, il eût bien apprécié une telle relation, qu'il regrette d'avoir manquée, l'année précédente, par suite d'une semblable ignorance. En vous montrant son propre exemplaire, il vous eût d'ailleurs appris la récente publication du *tome premier* de mon *Système de politique positive*, qui, après beaucoup d'obstacles, vient enfin de paraître chez les mêmes libraires que mon *Discours sur l'ensemble du positivisme*.

Ce nouveau volume vous prouvera, j'espère, sans même attendre les trois autres, que le positivisme se trouve déjà devenu plus qu'une *ébauche*. Mon premier grand ouvrage a suffisamment posé les bases philosophiques d'une synthèse vraiment universelle. Dans ce second traité, qui constituera finalement ma principale composition, je construis directement l'édifice religieux qui repose sur ces fondements scientifiques. Sa préface vous expliquera comment j'ai pu, exceptionnellement, accomplir ainsi deux vies en une seule. La sainte dédicace qui la suit achèvera d'éclaircir cet heureux mystère, chez un esprit aussi disposé que le vôtre à comprendre et à subir la digne influence du cœur. Si ce volume initial vous laissait encore quelque incertitude sur le résultat essentiel, elle se dissiperait certainement par la lecture du volume suivant, que j'espère livrer au public dès le début du printemps prochain. Car, ce tome second, constituant le traité abstrait de l'ordre humain, constatera nettement combien j'ai déjà réalisé la construction définitive de la véritable unité, tant sociale que personnelle, comme le savent seuls tous ceux qui, depuis trois ans, suivent mon cours hebdomadaire. Quant à la vulgarisation du positivisme, elle est beaucoup plus avancée que vous ne pouvez le croire. Plusieurs hommes distingués s'y livrent oralement, de divers côtés, avec une activité soutenue qui produira bientôt des écrits caractéristiques. Si la fondation de ma *Revue occidentale* n'était pas encore arrêtée par de misérables obstacles pécuniaires, chacun pourrait déjà juger la vraie maturité de la nouvelle religion. Elle est même assez avancée pour que, entre la publicité du second volume de mon traité actuel et celle du troisième, je croie devoir suspendre, pendant quelques mois, cette construction décisive, pour composer un véritable *Catéchisme positiviste*, que j'espère publier avant la fin de 1852. On l'attend, dans plusieurs parties de l'Occident, avec beaucoup d'impatience, comme base directe et guide général d'un sérieux prosélytisme habituel.

Je regarderais comme oiseuse toute dissertation abstraite sur les inconvénients de l'état maladif, autant chez les peuples que chez les individus. Chacun ne sent que trop, aujourd'hui, combien l'Occident se trouve, et depuis longtemps, en pleine *révolution*, sans qu'il dépende de personne de réaliser immédiatement un ordre normal. De là j'ai conclu l'évidente nécessité d'un gouvernement *révolutionnaire*, sagement conforme à la situation et capable de l'améliorer en la dirigeant avec énergie vers son terme naturel. Mais cela ne signifie nulle-ment qu'un tel gouvernement doive être violent : il sera seulement exceptionnel et transitoire ; encore même le sera-t-il le moins possible, s'il est construit d'après une vue nette de l'état final. Quant à la violence, c'est l'attribut des gouvernements faibles. On n'y persiste qu'autant qu'on prétend fonder immédiatement l'ordre normal, ce qui, étant con-traire à la nature de notre situation, conduit toujours à alterner entre la rétrogradation et l'anarchie, comme on le fait depuis soixante ans d'après cette vaine tendance absolue. Dans cette longue suite d'essais empiriques, il n'y a eu de vraiment sage et digne que le gouvernement révolutionnaire de la Convention, fondé par Danton, sous l'imminente impulsion d'une nécessité sentie, mais bientôt alté-rée par la tentative rétrograde de Robespierre pour établir d'emblée le régime normal sur l'ascendant officiel de son *Être Suprême*. Nous ne pouvons aujourd'hui sortir du désordre que d'après une équi-valente institution provisoire, mais résultée d'une exacte notion de l'état final. Il y a vingt ans, je disais à M. Vieillard (qui commence maintenant à le croire), à propos des émeutes contre Louis-Philippe, que la tranquillité ne sera solidement établie en France que quand le pouvoir y sera tenu par des gouverneurs prolétaires. L'essor systéma-tique du positivisme, et son application complète à la situation révolutionnaire, ont procuré depuis une consistance inébranlable à ce qui fut alors un simple aperçu de mon instinct politique. Toutes les tendances réelles ne tarderont pas à converger vers une telle ouverture de solution, aussitôt que les contacts du positivisme avec le véritable peuple auront pu se développer assez. C'est seulement ainsi que l'Occident sera délivré d'une presse perturbatrice et des ambitions méprisables. Les affiches nous débarrasseront des journaux, et les clubs des Chambres.

Votre nouvelle position officielle me semble, à vrai dire, tendre à troubler votre jugement et même à neutraliser vos principes positivistes, en vous procurant trop de contacts avec une bourgeoisie *dirigeante,* dont l'aveuglement se trouve aujourd'hui plus complet et moins excusable que celui de la haute noblesse en 1789. Il vous devient ainsi très difficile de connaître le véritable état des esprits, même dans votre voisinage. Tous les rapports qui me parviennent des dignes positivistes qui voyagent maintenant se trouvent en contradiction directe avec votre manière d'apprécier les dispositions provinciales. Je pourrais surtout citer mon jeune ami, M. Laffitte, dont la sagesse et la portée me sont bien connues. En vacances dans sa famille, à Béguey, près Cadillac, il m'écrit, sur le véritable état politique de la Gironde, des renseignements qui tendent à prouver combien il faudra, l'an prochain, soigneusement veiller à empêcher que l'ordre ne soit gravement troublé par la violente exaspération des provinces contre le régime de compression, qui, même quand il aura cessé, laissera redouter encore des représailles blâmables. Mais je compte bien que le calme imposant de Paris suffira pour contenir ces tendances aveugles quoique excusables. Toutefois il faudra donner une juste satisfaction à la vindicte publique, en la concentrant sur la punition légale de tous ceux qui ont sciemment et librement participé à l'indigne expédition de Rome. C'est seulement ainsi qu'on obtiendra l'absolution sociale des coopérations quelconques d'un régime de compression, qui était devenu indispensable pour nous préserver de l'anarchie, et auquel l'histoire reprochera uniquement son exagération empirique et égoïste. Mais l'affaire de Rome est d'une toute autre nature ; elle ne constitue qu'un pur épisode, nullement lié à cette résistance nécessaire, et simplement inspiré par une rouerie très méprisable. Tous ses divers fauteurs éviteront difficilement l'exil et la confiscation, et j'ose dire que ce sera justice.

Au milieu de ces prochains émois, l'attitude du positivisme sera bientôt digne de sa principale destination, qui concerne directement l'ordre, comme base normale du progrès. C'est à nous que vont échoir les grands intérêts politiques, aussi bien que les dogmes domestiques, pour défendre le pouvoir central contre le morcellement légal que vont lui appliquer de prétendus conservateurs, mus par une misérable ambition, qui ne laisse guère cesser leur taquinerie que quand l'émeute matérielle leur inspire une ignoble soumission. Les praticiens sérieux sentent déjà cette attitude protectrice du positivisme. Dans mon heureuse entrevue avec M. Carlier, en janvier 1850, il fut surtout frappé de ce que j'avais toujours attaqué les dogmes anarchiques, la souveraineté du peuple et l'égalité, sans pourtant perdre jamais mon crédit populaire. Ce magistrat semblait envier secrètement cette attitude digne et conséquente, contrastant avec les honteuses concessions de principes ou de formules que subissent aujourd'hui tous les hommes d'État.

Une récente manifestation, émanée d'une situation très grave, m'a déjà confirmé cette affinité nécessaire des véritables conservateurs, à la fois honnêtes et clairvoyants. Il y a trois mois, un éminent citoyen de Philadelphie, au nom d'un vaste foyer positiviste formé, depuis quelques années, aux États-Unis, parmi les riches éclairés et loyaux, est venu invoquer le positivisme au secours de l'ordre fondamental, privé de toute autre défense systématique contre une population de purs niveleurs (de race et d'éducation), dans un pays d'ailleurs dépourvu d'armée et où les prêtres, coïncidant avec les métaphysiciens, sont devenus les principaux anarchistes. Ces diverses données générales expliquent un tel recours chez ceux qui se trouvent ainsi préservés des illusions politiques inspirées à nos hommes d'État par les expédients empiriques dont ils peuvent encore disposer ici pour se dispenser d'étudier la question fondamentale. On désirait même que je pusse venir prêcher le positivisme en Amérique, afin que la religion démontrée y réparât les désordres des religions révélées. J'ai lieu d'ailleurs d'espérer que ce riche et puissant foyer lèvera bientôt les difficultés matérielles qui seules empêchent la fondation décisive de notre *Revue occiden-*

tale. Mon digne visiteur, déjà rentré aux États-Unis, vient de m'écrire, de Philadelphie, une lettre noble et caractéristique, qui me semble le début d'une précieuse correspondance, à laquelle la merveilleuse rapidité des transports actuels permettra une suffisante activité. J'ai aussitôt répondu à sa principale demande spéciale par une exposition décisive de nos institutions religieuses, surtout de la théorie des vrais anges gardiens et de la série des neuf sacrements sociaux. Ces messieurs attendent leur salut de l'avènement d'un nouveau pouvoir spirituel. Ils savent bien que ce pouvoir leur imposera de fortes obligations morales, mais ils les acceptent d'avance afin de n'être pas dépouillés.

Ce cas ne fait que mieux manifester un besoin commun à toute l'occidentalité, et seulement prononcé davantage dans le milieu où l'ordre fondamental se trouve au fond le plus compromis. Sous de telles impulsions, on surmonte les préjugés nationaux, et même l'orgueil spécial qu'inspire là une vaine priorité républicaine. Philadelphie se reconnaît un simple faubourg de Paris, séparé par l'Atlantique, au lieu de la Seine. Quoique Londres semble très loin d'une équivalente disposition, les plus arrogants des lords invoqueront aussi le positivisme avant dix ans, quand l'éveil inévitable de leurs redoutables prolétaires aura dissipé leur empirique sécurité sur la prétendue consistance de leur régime provisoire et factice, déjà radicalement épuisé.

Ainsi placé devant une situation lumineuse et irrésistible qu'il peut seul comprendre et régler, le positivisme doit s'installer tout autrement que ne le fit le catholicisme. Celui-ci, directement impropre à la vie publique, et surgissant sous un régime encore puissant, ne peut parvenir au gouvernement qu'à force de pénétrer la société. Le positivisme, au contraire, immédiatement relatif à la vie sociale, et survenu au milieu d'une profonde anarchie où le vrai pouvoir, tant temporel que spirituel, est essentiellement vacant, ne doit prévaloir dans la société qu'après s'être emparé du gouvernement, par ses conseillers théoriques et ses commandants pratiques, seuls capables de concilier aujourd'hui l'ordre et le progrès. En appréciant cette différence capitale, vous sentirez qu'il n'y a de ma part aucune grave présomption à espérer des succès aussi rapides que l'indique ma dernière lettre. Loin d'être contraire aux précédents historiques, cette rapidité vous semblera d'ailleurs autorisée par beaucoup d'exemples décisifs de rénovateurs, intellectuels ou sociaux, qui ont triomphé avant leur mort, comme Mahomet, Luther, Cromwel, Voltaire, etc. Dans l'ordre purement théorique, vous voyez, de nos jours, Bichat, Gall et Broussais, prévalant chez la génération même où ils surgirent, malgré tous les obstacles officiels.

Salut et fraternité.

Auguste Comte.

(*10, rue Monsieur-le-Prince*).

X

A Monsieur DE THOLOUZE,
Substitut du Procureur général, à Bordeaux

Paris, le jeudi 15 Gutenberg 64
(26 août 1852).

Monsieur,

Je ne conçois pas que la notion de l'Humanité puisse vous sembler plus mystique que celle de la Famille et de la Patrie, dont elle ne constitue, au fond, qu'une simple extension. Car, celles-ci concernent aussi des êtres collectifs et perpétuels, qui sont seulement moins étendus ; et personne pourtant n'oserait les qualifier d'imaginaires. La notion de Patrie est, à la vérité, devenue très vague depuis la fin du moyen âge, d'après la monstrueuse grandeur obtenue temporairement chez les *états* modernes, surtout en France, par la rupture du lien catholique, quand Louis XIV fut conduit à dire : *L'État, c'est moi*, afin de définir la Patrie. Mais vous savez très bien quelle profonde réalité cet être composé présentait aux populations anciennes, principalement à Rome, où elle détermina tant d'intimes dévouements, qui ne pouvaient s'adresser à de pures chimères. Au milieu de l'anarchie moderne, on observe nettement des sentiments et des convictions analogues chez les états assez petits pour que la solidarité puisse y devenir familière à tous, en Suisse, en Irlande, en Savoie, en Portugal, etc.; vous en trouvez même des vestiges appréciables, malgré notre centralisation excessive, dans plusieurs anciennes provinces françaises, en Auvergne, en Provence, en Dauphiné, même en Bourgogne, outre celles qui ne sont *françaises* que par force, et d'une manière purement officielle, comme la Corse, l'Alsace, sans parler de la prétendue Algérie, qui, j'espère, retournera bientôt aux Arabes. Dans toutes ces notions et émotions sociales, il y a plus qu'un simple *artifice scientifique.* Or, l'Humanité n'est vraiment que la patrie universelle qui réunit déjà, du moins en perspective, tous les habitants de la planète humaine : c'est, en un mot, *l'ensemble* des hommes vraiment assimilables, passés, futurs, et présents, en excluant seulement les Néron, les Robespierre, les Bonaparte, et tous ceux qui rompent l'harmonie humaine. Cet ensemble est seul réel, et l'*individu* n'existe que par une abstraction d'ailleurs indispensable. Si vous aviez fait des méditations biologiques, vous sentiriez, d'après leur nature, éminemment synthétique, qu'il en est de même au fond, pour tout le règne animal, surtout supérieur, où l'*unité* biologique consiste dans l'*espèce* et nullement dans l'individu, qui n'en est qu'une partie réellement inséparable, ou dès lors inintelligible. Mais il suffirait de la simple famille pour vous démontrer la réalité des êtres collectifs et perpétuels ; car l'étendue du groupe importe peu sous ce rapport. Or, chez toutes les familles aristocratiques, où le culte des ancêtres s'est mieux conservé, chacun s'habitue à contempler, de cœur et d'esprit, à travers les siècles passés ou futurs, cette sainte *unité* domestique, qu'on ne souffrirait pas d'y voir qualifier d'artifice scientifique. L'Humanité n'est encore que la famille universelle, si l'on conçoit tous les hommes parvenus au degré suffisant de véritable fraternité. Mais la Patrie vient dignement combler l'exorbitant intervalle que le cœur et l'esprit trouveraient entre ces deux groupes extrêmes. En observant comment on s'élève de la Famille à la Patrie, il ne vous sera pas difficile d'achever votre éducation sociale, en montant, suivant la même marche, de la Patrie à l'Humanité. Vous y serez bientôt forcé par votre noble résolution de combattre à outrance l'anarchie moderne, dont la base réside pourtant dans cette théorie de l'*individualisme*, comme le montrent les écrits de son meilleur représentant actuel (M. Proudhon), qui figure l'anarchie dignement incarnée.

Quant à la nouvelle *Religion*, dont le dogme de l'Humanité constitue la base générale, à la fois mentale, morale et sociale, si ce mot vous déplaît, par suite de vos vestiges voltairiens, substituez-y le mot *synthèse*, comme le permet l'étymologie. Mais, dans l'usage universel, seul vrai régulateur du langage, ce dernier nom est pris d'une manière purement philosophique, au point de ne comprendre que l'intelligence, sans y joindre même l'activité, et surtout le sentiment. L'autre est le seul qui combine les trois parties essentielles de notre existence. Sa composition latine se trouve d'ailleurs plus parfaite que celle d'aucun autre terme français. Quoi qu'il en soit, en écartant toute question de nomenclature, il faut constituer l'*unité* humaine : c'est la seule issue possible de la révolution occidentale. On ne surmontera pas l'anarchie moderne en réglant seulement l'intelligence, même quand on y joindrait l'activité, si on laisse en dehors les sentiments, c'est-à-dire la principale partie de la nature humaine, celle qui conduit toute l'économie réelle. Ce qui manque surtout aujourd'hui, ce sont la vénération, l'enthousiasme, etc., sans lesquels la raison et l'activité sont plutôt perturbatrices qu'organiques. Mais cette *religion*, ou condensation totale, qui constitue maintenant le principal besoin des masses, devient aussi la principale nécessité des individus. En ce qui vous concerne, j'ose assurer que, si vous deveniez un positiviste complet, c'est-à-dire *religieux*, en réglant vos sentiments autant que vos opinions et vos actes, votre santé s'en trouverait beaucoup mieux bientôt que de toutes vos *eaux minérales*, sur lesquelles vous serez promptement blasé, si vous ne l'êtes déjà, malgré leurs *sites accidentés*, qui vous laissent vide pendant la majeure partie de l'année. Votre excellent cœur est jusqu'ici contrarié par votre esprit, qui en est encore au dix-huitième siècle, avec son ignoble matérialisme, son ton critique, et sa triste théorie de la personnalité. L'existence naturelle des instincts altruistes, principale découverte de la science moderne, et source directe de la religion positive, n'a fait encore que glisser sur votre intelligence, plus familière avec Condillac et Helvétius qu'avec Gall et moi.

Pour vous *convertir*, je compte beaucoup sur votre lecture de mon second volume, publié depuis trois mois, le 25 mai. Votre lettre me donne lieu de remarquer qu'il est parvenu plus promptement à New-York qu'à Bordeaux, car le positivisme a maintenant un succès notable aux États-Unis, bien autrement qu'en France et même en Angleterre ; l'ensemble de ce volume très condensé renferme toute la théorie abstraite de l'ordre humain, et constitue le livre le plus systématique qu'on ait encore écrit sur le Gouvernement depuis la politique d'Aristote. Son premier et principal chapitre produira, j'espère, une salutaire révolution dans votre esprit aidé de votre cœur : car il présente *la théorie générale de la religion*, ou *théorie positive de l'unité humaine*. Vous apprécierez alors le positivisme religieux. On doit au président actuel un très bel aphorisme, que j'emploierai beaucoup, en le rapportant toujours à son auteur, même quand il sera chassé : *On ne détruit que ce qu'on remplace*. Suivant cette maxime, aussi bien dite que bien pensée, il faut donc substituer au catholicisme une véritable religion, sous peine de le voir prolonger indéfiniment son ignoble caducité. Mais, outre ce tome deuxième de ma *Politique positive*, un opuscule exceptionnel, qui s'y trouve promis, et que j'achève maintenant, déterminera mieux votre conversion, comme plus facile à lire. C'est un mince volume in-12, dont l'impression va commencer lundi, et qui sera publié vers la fin de septembre, sous ce titre caractéristique :

CATÉCHISME POSITIVISTE
Ou sommaire exposition de la Religion universelle
EN ONZE ENTRETIENS SYSTÉMATIQUES
Entre une Femme et un Prêtre de l'Humanité

Puisque vous avez lu mon premier volume, vous savez d'avance quelle est ma sainte interlocutrice subjective dont l'angélique impulsion m'a procuré l'exceptionnelle rapidité de cette élaboration épisodique, que je voulais accomplir avant de commencer, en novembre, le troisième volume de ma politique positive, qui sera publié vers le milieu de 1853. Vous voyez que la persécution polytechnique ne m'a nullement ébranlé. Cet opuscule décisif qui doit imprimer un grand essor à la propagande positiviste, contiendra, dignement condensées, toutes les notions essentielles du positivisme sur le dogme, le culte et le régime, sauf les développements et les motifs réservés au grand ouvrage au milieu duquel j'intercale cet intermède, aussi précieux à mon cœur qu'à mon esprit.

La préface de mon récent volume vous fera connaître mon approbation systématique de la crise dictatoriale, spécialement appréciée dans le *manifeste* que j'adressai, vers la fin de février, à mon noble adhérent, M. le sénateur Vieillard, le plus ancien positiviste, après moi, quoiqu'il ne soit pas assez complet : ce manifeste forme le principal appendice de cette préface, où j'ai d'ailleurs jugé déjà les vaines et sottes velléités impériales qui feront chasser honteusement, et peut-être tragiquement, le dictateur actuel, avant la fin de 1853, pour lui substituer M. Cavaignac, après un combat entre la partie républicaine et la partie impérialiste de l'armée, bientôt départagées par le prolétariat parisien. Mais j'espère que cette dernière crise violente de l'empirisme révolutionnaire, devenue seulement inévitable par la pression de *mamamouchi* qui dégrade le président actuel, s'accomplira sans aucune discontinuité de la dictature, en sorte que le *régime parlementaire,* radicalement anti-français, ou plutôt anti-européen, puisqu'il est purement anglais, ne renaîtra pas même une semaine, pas plus que l'*empire,* auquel M. Bonaparte, par son aveugle engoûment, n'aura pas seulement le mérite de renoncer, quoiqu'il n'y doive jamais arriver. La nouvelle dictature sera, j'espère, plus complète encore que celle d'aujourd'hui, comme étant purgée de rétrogradation quelconque, d'après un digne rétablissement de la liberté d'exposition, et même de discussion. Car, en complimentant M. Vieillard, l'un des principaux collaborateurs de la constitution actuelle, sur ce qu'elle est plus sage que les *neuf* précédentes, je lui ai vivement reproché d'y avoir conservé au *corps législatif* le vote des lois, qu'il fallait oser remettre au gouvernement, assisté de son Conseil d'État, en laissant seulement à la Chambre élective, sous le nom d'*assemblée financière,* la simple attribution de voter le budget, seul office qui lui convienne réellement dans notre République. J'espère que M. Cavaignac, comme moins rétrograde, sera plus hardi ; du moins, je l'y inviterai beaucoup, au nom de l'ordre et du vrai progrès, si je le vois avant son avènement, ce qui semble probable. Cette nouvelle dictature me paraît destinée, non seulement à favoriser l'ascendant mental et moral du positivisme, déjà très grandi, surtout à Lyon, depuis la chute des parleurs et des brouillons, mais même son installation politique. Avant 1860, je compte voir surgir, d'après une libre discussion de quelques années, la dictature positiviste que je conçus et communiquai dès 1847, et qui fut publiée l'année suivante, sauf les améliorations notables que j'y apportai dans mes trois cours ultérieurs. Elle deviendra la seule ressource de la France et de l'Occident contre l'anarchie totale qui nous menace de plus en plus. La révolution occidentale doit finir par une lutte décisive entre le positivisme et le communisme, comme le sent déjà M. le sénateur Vieillard. Or, d'ici là, nous aurons converti les communistes des villes, ainsi que cela se voit maintenant à Lyon, leur principal foyer prolétaire. Mais il restera ceux des campagnes, qui sont beaucoup moins traitables, comme étant encore plus anarchiques par le cœur que par l'esprit, et qui resteront longtemps sous la dangereuse domination des maîtres d'école, après avoir chassé les prêtres. Pendant que nos triumvirs populaires les contiendront matériellement, nos apôtres les régénéreront intellectuellement et moralement, en y remplaçant une métaphysique subversive par la religion positive, avant la fin du siècle actuel.

Salut et fraternité.

AUGUSTE COMTE.

(*10, rue Monsieur-le-Prince*).

P.-S. — Je me borne, faute de place et de temps, et sauf explication ultérieure, à vous annoncer ma rupture récente, mais irrévocable, avec M. Littré, par suite de laquelle je suis désormais l'unique directeur de la noble souscription qui m'abrite seule de la misère. Cette annonce doit circuler.

XI

A Monsieur DE THOLOUZE,
Magistrat à Bordeaux.

Paris, le Samedi 1ᵉʳ César 65.

Monsieur,

Je suis absorbé maintenant par l'élaboration de mon troisième volume, dont je ferai prochainement commencer l'impression, afin qu'il paraisse en juillet, comme vraie philosophie de l'histoire. Cependant je m'empresse d'utiliser une journée de relâche exceptionnelle pour répondre convenablement à la lettre profondément intéressante que j'ai reçue de vous lundi. Je n'ai pas trouvé trop étendu le développement que vous m'y présentez sur un cas aussi touchant, et qui, d'ailleurs, n'est, à mes yeux, personnel qu'en apparence, puisque le type s'en retrouve trop souvent dans notre anarchique société, surtout parmi les classes supérieures. Aussi n'hésiterai-je point à vous donner, à cet égard, une consultation vraiment religieuse, c'est-à-dire pleinement synthétique qui puisse saisir l'ensemble d'une telle situation. Les pas récents que vous avez faits ainsi vers la véritable unité me font espérer que ces conseils auront bientôt leur efficacité normale, si vous joignez à votre étude décisive de mon second volume une méditation familière du *Catéchisme positiviste*, qui convient directement à vos besoins d'une entière direction de cœur et d'esprit, comme éminemment synthétique.

Sans pouvoir réaliser votre vœu d'une assistance journalière d'un prêtre de l'Humanité, je ne dois pas négliger de vous signaler la possibilité d'avoir quelques relations utiles avec un vrai positiviste de la Gironde, M. *Alfred Ribet*, propriétaire à Bommes, arrondissement de Bazas. Après avoir été dignement reçu docteur en droit à Paris, ce jeune homme (de 29 ans) s'est aussitôt retiré, sans exercer la profession d'avocat, pour diriger la culture de son domaine. D'un esprit juste et solide, il se distingue encore plus par le cœur, qui le pousse directement du catholicisme au positivisme, en évitant toute halte sceptique, de manière à le rendre plus propre à bien agir sur vous, si le contact peut s'établir, comme je tâcherai de le préparer dans une prochaine réponse que je devrai lui faire.

La situation morale et physique que vous me caractérisez si nettement mérite, dans son ensemble, toute votre attention. Vous voilà sorti de la vie préparatoire, corporelle et cérébrale, personnelle et sociale, qui cesse vers quarante-deux ans, et qui, de nos jours, est le plus souvent gaspillé, mais où les fautes sont heureusement réparables. Maintenant vous entrez dans la seconde vie, seule définitive, où rien ne se sépare plus, mais où toutes les expériences antérieures peuvent être pleinement utilisées par une âme vraiment mûre. La manière dont vous la dirigerez va décider irrévocablement de votre santé comme de votre bonheur. Déjà vous semblez convaincu de l'inanité des prescriptions médicales envers une perturbation dont la source est surtout morale. Je vous conseille pourtant de ne pas négliger votre régime alimentaire qui doit être sobre et régulier. Si vous essayiez, de supprimer, comme moi, l'usage du vin et des excitants quelconques, ainsi que de réduire votre nourriture animale à *cent grammes* de viande, peut-être vous rétabliriez, comme moi, votre appareil digestif.

Mais vous devez principalement attribuer l'ensemble de votre état morbide à l'insuffisance de la vie morale, faute de liaison à toute grande destination, capable d'employer la noble activité de votre âme, qui se consume et vous consume sans un digne exercice. Or, le remède dépend surtout de la plénitude des convictions qui commencent à s'emparer de vous sans vous avoir assez saisi jusqu'ici. Si le positivisme, quoique destiné finalement à tous, ne convient aujourd'hui qu'aux âmes d'élite, on peut réciproquement assurer qu'il leur convient nécessairement, quelle que soit la nature de leur supériorité, par le cœur, par l'esprit ou par le caractère. Car, il vient relever dignement toutes les nobles organisations de l'affaissement où les plonge une anarchie mentale et morale qui ne fait partout fleurir que les médiocrités. Il les rallie spontanément par une immense destination commune, en leur confiant la direction, théorique ou pratique, de la régénération humaine. C'est là seulement qu'on peut trouver l'harmonie et le bonheur, comme, il y a dix-huit siècles, en élaborant la transition catholique, et même davantage encore, vu la plénitude et la stabilité supérieure de la construction actuelle. Mais si votre foi se fortifie assez pour vous permettre une telle existence, vous devez l'inaugurer par une résolution décisive, sans laquelle votre cas ne comporte que des palliatifs, la renonciation volontaire à votre présente profession.

Quelques efforts que vous fassiez pour dissimuler son incohérence avec votre nature et sa tendance à comprimer votre digne essor, je suis certain que vous le sentez intérieurement. Un noble cœur ne peut se satisfaire en s'appliquant à réfuter des déclamations anarchiques, par des arguments accompagnés de prison et d'amende, faute de guillotine, qui n'est plus de mise en tel cas. Loin de servir ainsi l'ordre, on le compromet radicalement, en disposant les prolétaires à croire que la propriété ne comporte pas de justification loyale, puisqu'on ne sait la défendre que brutalement, de manière à rendre presque intéressants les sophistes réellement méprisables. Cette conduite est directement contraire à vos convictions positivistes, comme violant la division fondamentale entre le domaine spirituel et le temporel. Il faut laisser aux chefs pratiques le soin d'exercer, sous leur propre responsabilité, quelques proscriptions personnelles, qui peuvent, surtout aujourd'hui, devenir nécessaires, mais sans les déguiser jamais sous une apparence de légalité.

En quittant une magistrature avilie, qui sera bientôt punie rudement de sa récente servilité, vous pouvez, si votre fortune personnelle ne vous dispense pas d'une profession lucrative, trouver un digne moyen d'existence, où toute votre âme pourrait s'employer, en fournissant un type personnel de la régénération de l'office d'avocat, qui, quoique tendant à disparaître, comporte encore quelque grandeur. J'ai toujours pensé qu'un avocat capable et zélé, qui se résoudrait à ne défendre que des causes conformes à ses convictions personnelles et spéciales après une discussion convenable de chaque cas, acquerrait bientôt la confiance du public et des juges, de manière à s'assurer des succès aussi complets qu'honorables. Cette probité scrupuleuse, trouvant d'abord peu d'imitateurs, ces premiers types ne seraient pas troublés par la concurrence, surtout s'ils débutaient, comme vous, en quittant volontairement la magistrature, et sous le patronage d'une noble réputation morale.

Pour vous faire assez goûter un tel conseil, je suis conduit à rectifier spécialement la fausse appréciation que renferme la fin de votre lettre envers le prochain avenir du positivisme d'après la présente situation. Je pense, tout au contraire, que notre avènement, même politique, se rapproche de plus en plus, à mesure que le milieu pousse partout à sentir le danger ou la nullité des doctrines qui défendent maintenant l'ordre ou le progrès. Les principaux conservateurs britanniques commencent à sentir la portée pratique du positivisme comme seul propre à les préserver d'un orage sans exemple, en surmontant le communisme. En même temps, nos meilleurs révolutionnaires l'invoquent comme l'unique garantie du progrès, depuis que la démagogie métaphysique vient d'aboutir à *l'empire*. Comme la France pense davantage aujourd'hui qu'elle ne peut jamais le faire, précisément parce que les parleurs sont moins actifs, la méditation solitaire et le contact privé que rien ne peut empêcher, nous attireront bientôt l'attention du vrai public, qui nous invoquera comme les seuls républicains conséquents.

Quant à la situation officielle, je regretterais que vous fissiez aucune méprise sur une consistance à laquelle personne ne croit ici sérieusement. Au point de vue historique, la royauté française se trouve irrévocablement abolie depuis le 10 août 1792, sans avoir jamais été rétablie ensuite, malgré les illusions où l'on prit des noms pour des choses. La moins consistante de ces fictions politiques, est le *mamamouchat* actuel, pour lequel on n'a pas même invoqué de motifs d'ordre, en le fondant seulement sur une fantaisie personnelle ou nationale. Son titulaire aurait autant pu compter sur deux cents ans de vie et l'exemption de la goutte, que nos paysans lui votéraient, que sur ce vote d'hérédité et d'inviolabilité survenant après tant d'autres. En décembre 1851, le dilemme était réellement entre lui et l'anarchie, et, s'il avait alors pris l'*empire*, on l'aurait laissé trôner aussi quelques années. Mais lui-même a changé cette situation par l'exemple de sa dictature républicaine, à laquelle on attend seulement un chef non rétrograde, quoique je sois d'ailleurs disposé toujours à conseiller aux Français de tout subir passagèrement, même Henri V, plutôt que l'ascendant des *rouges*. Notre situation n'a jamais cessé d'être réellement républicaine depuis soixante ans, et le sera toujours de plus en plus, quelque soit le nom que prenne où reçoive le chef du gouvernement, et quelques hallucinations officielles qu'il inspire.

Toutefois, quelque juste prépondérance que mérite l'ordre, le progrès exige aujourd'hui sa garantie spéciale, qui ne se trouve plus, pour la France, que dans le principe républicain, lequel y pourvoit suffisamment, même quand son exercice devient rétrograde, pourvu que cette attitude repose sur l'imminence de l'anarchie. La répression de juin 1848 et la dictature de 1852 ont irrévocablement prouvé que l'ordre peut être vigoureusement maintenu dans et par la situation républicaine. Ainsi la royauté n'a plus aucun privilège à cet égard, et ne constitue que le symbole politique de la rétrogradation, que personne ne goûte en elle-même, mais seulement comme préservatif de l'anarchie. C'est pourquoi l'*empire* constitue une faute irréparable, dignement sentie par M. Vieillard, qui tenta vainement d'en détourner à temps son ancien élève, dont la vanité de parvenu dédaigna l'effroyable issue personnelle qu'il se prépare ainsi. Malheureusement, cette faute va principalement retomber sur la France, en suscitant bientôt une grave secousse, qu'on pourrait entièrement éviter en gardant l'attitude de 1852, sauf amélioration de la dictature par restitution graduelle de la liberté.

Afin d'adoucir autant que possible cette nouvelle crise, j'ai rédigé, sous ma seule responsabilité personnelle, la petite circulaire ci-jointe, que je fais ici courir manuscrite paisiblement depuis sa date, après avoir envoyé la première copie à M. Vieillard. Je la destine à rectifier l'empirisme des républicains, honnêtes mais arriérés, qui ne sauraient devenir positivistes avant ce prochain orage, où les positivistes devront rester simples spectateurs, sauf de tels conseils. Pour votre usage, j'ai transcrit, derrière ces *Conseils urgents,* un tableau de la *marche empirique,* que je ne fais point circuler. Quant aux *Conseils,* vous pourriez, au besoin, en prendre de nouvelles copies, pourvu qu'elles fussent toujours *textuelles* et complètes, en y faisant seulement précéder ma signature du mot *signé,* qui dispenserait du paraphe. Mais, quoique j'aie fait mon devoir de conseiller public en conseillant aux révolutionnaires sincères cette amélioration décisive de leur empirisme subversif, j'ai peu d'espoir que mes trois *Conseils* soient adoptés à temps, et je crains beaucoup que le nouvel orage ne soit qu'une répétition, aussi déplorable que honteuse, de celui de 1848, de manière à susciter, après quelques mois d'anarchie plus complète, plusieurs années d'une rétrogradation plus intense, malgré que je compte encore sur la puissance spontanée d'une situation qui repousse profondément le régime parlementaire et demande seulement un dictateur acceptable.

Tout à vous,

Auguste Comte.

(10, rue Monsieur-le-Prince).

P.-S. — Voici le reçu correspondant au mandat de *cinquante francs* inclus dans votre dernière lettre.

L'importance que j'attache à votre opinion personnelle m'avait fait projeter de terminer cette réponse par une suffisante rectification de votre appréciation envers M. Littré. Mais l'étendue des autres explications me force d'ajourner celle-là. Je me borne à vous annoncer aujourd'hui que cette rupture est devenue pleinement irrévocable, et que j'ai déjà repoussé deux tentatives de replâtrage, d'après le jugement très défavorable, mais trop motivé, surtout moralement, que j'ai dû finalement porter sur ce personnage qui, d'ailleurs, a cessé d'être positiviste et retombe dans l'ornière révolutionnaire, d'où je le dégageai pendant quelques années.

XII

A Monsieur DE THOLOUZE, à Bordeaux.

Paris, le jeudi 26 Charlemagne 66
(13 juillet 1854).

Monsieur,

Grâce à l'admirable perfectionnement de la grande institution des postes, je puis aujourd'hui répondre à l'excellente lettre que vous m'écrivîtes avant-hier, et qui renfermait un mandat de cinquante francs, dont voici le reçu normal. Ma ponctualité ne se trouve aucunement troublée, cette fois, par l'élaboration qui m'absorbe depuis six mois, et que je terminerai dans quinze jours, en sorte que ce volume final, imprimé pendant que je l'écrivais, paraîtra vers la fin d'août. Tant que dure ma session de travail, je ne sors que le mercredi pour ma visite régulière à la tombe inspiratrice et je consacre le jeudi pour ma correspondance et mes entrevues ; ce qui me permet de vous faire aussi promptement une réponse que j'aurais été forcé de renvoyer à jeudi prochain si la fondation de Louis XI n'était point aussi perfectionnée.

L'ensemble de votre lettre témoigne un notable progrès dans la conception et le sentiment de l'unité, qui constitue le principal besoin d'une nature aussi synthétique, de cœur et d'esprit, que la vôtre. Mon

prochain volume achèvera de vous convaincre et per-
suader que le centre de l'existence humaine, la seule
source de son harmonie, n'appartient point à l'intelligence, ni même à l'activité, mais à l'affection, leur unique moteur. J'espère que vous ne serez pas scandalisé
d'y voir consacré l'admirable aphorisme de Mme de
Staël : *Il n'y a rien de réel au monde qu'aimer*, comme
la formule de l'unité, qui m'avait d'abord semblée
exagérée, et que j'ai fini par introduire, depuis plusieurs années, dans mon culte journalier. Votre évolution morale, commencée par la vie publique, doit
se compléter en embrassant aussi la vie privée, qui
l'eût suscitée si notre temps permettait une marche
normale. Comme la santé consiste, autant que le bonheur, dans l'harmonie, je ne doute pas que votre état
physique ne s'améliore notablement, à mesure que
vous ferez des progrès vers la véritable unité, surtout si vous pouvez développer une activité suffisamment conforme à vos convictions.

Votre appréciation des pas spontanés de l'ascendant
positiviste d'après la situation actuelle me semble très
saine et fort rassurante. Depuis la crise dictatoriale,
la France a mieux réfléchi sur la question fondamentale qu'on n'avait pu le faire pendant les soixante
années précédentes. Le besoin de concilier l'ordre et
le progrès, et l'impossibilité d'y parvenir autrement
que par le positivisme, deviennent de plus en plus
appréciables. On doit même considérer comme éminemment favorable à l'avénement du positivisme le
grave incident suscité par l'agression russe, et sur
lequel je m'expliquerai spécialement dans ma pro-

chaîne préface. Il consacre la politique extérieure du positivisme en manifestant la prépondérance unanime des dispositions pacifiques en Occident, et tendant à reconstruire la République occidentale contre la vaine tentative destinée à rétablir l'Empire d'Orient. Ainsi dignement devenu progressif au dehors, le dictateur actuel se trouvera conduit, surtout si le cas s'aggrave et se prolonge, à le devenir au dedans, en renonçant à des formes illusoires, pour acquérir un surcroît réel de puissance autant que de gloire. C'est pourquoi je lui fis transmettre, en décembre, par M. Vieillard, le conseil de rétablir une suffisante harmonie entre l'attitude officielle et la situation réelle, en se proclamant, sans aucun vote, *dictateur* à vie, avec la faculté de choisir son successeur, et de faire seul les lois, indépendamment de toute assemblée, sauf la Chambre *financière,* qui prononcera sur le budget *triennal.*

J'ai fait hier part à M. Laffitte de votre honorable désir de causer prochainement avec lui. Cet éminent positiviste quittera Paris dans trois semaines pour aller, comme de coutume, passer ses vacances en famille, et spécialement cette fois aux bains de mer d'Arcachon avec son excellente mère. Il se fait une fête de vous voir à Bordeaux pendant les fréquentes courses qu'il y fera.

Quant au digne positiviste dont je vous avais parlé, M. Ribet, propriétaire à Bommes (arrondissement de Bazas), il a passé l'hiver à Paris, et m'a témoigné beaucoup le désir et l'espoir d'aller bientôt se mettre en communication avec vous. Agé de trente ans et célibataire, il est pourtant moins disponible qu'on ne pourrait le croire, parce que ses sollicitudes agricoles l'absorbent souvent.

Tout à vous,

AUGUSTE COMTE.

(*10, rue Monsieur-le-Prince*).

XIII

A Monsieur DE THOLOUZE, à Bordeaux.

Paris, le dimanche 28 Aristote 67
(25 mars 1855).

Monsieur,

Parmi les générations exceptionnelles, qui correspondent aux époques de transition, la nôtre doit le plus être envisagée comme radicalement sacrifiée, parce qu'elle est moins au niveau de son irrévocable mission. Son immense majorité s'éteindra sans avoir secondé l'évolution humaine, autrement qu'en conservant, avec une légère amélioration, le trésor matériel du Grand-Être, mais en aggravant l'altération moderne du capital intellectuel et moral. Destinée à réaliser la plus décisive et la plus difficile de toutes les transitions, elle laissera quelques-uns de ses membres accomplir la régénération universelle, en les entravant au lieu de les assister. Aussi la liaison continue de l'avenir avec le passé doit-elle aujourd'hui s'opérer par une minorité d'élite, tandis que, dans les temps ordinaires, la masse y participe toujours, du moins passivement. Cette exception sera plus prononcée que pendant les transitions antérieures, parce que la révolution moderne est surtout intellectuelle, tandis que celle du moyen âge fut principalement sociale. Toute âme élevée doit maintenant aspirer à concourir à cette construction finale de la vraie synthèse, au lieu de figurer parmi ses adversaires quelconques ou ses simples spectateurs. J'ai toujours espéré que telle serait votre noble destinée, et je persiste à le croire, vu la persévérance et la pureté de vos efforts, malgré la sorte de rétrogradation que me présente votre lettre de jeudi, comparée à la précédente (de juillet dernier).

Quoique cette rétrogradation involontaire soit, au fond, plus apparente que réelle, j'y vérifie combien est universelle et profonde notre anarchie, en y voyant un magistrat dignement préoccupé du maintien continu de l'ordre matériel consacrer, sous l'aspect intellectuel et moral, l'individualisme le plus subversif. Tandis qu'un noble cœur vous pousse à la synthèse, un esprit mal cultivé vous retient dans l'analyse même la plus corrosive, non celle où la science prépare les matériaux des constructions ultérieures, mais celle où la métaphysique dissout les éléments des édifices antérieurs. Pour vous aider, autant que je le puis, à terminer ce déplorable conflit, je dois ici vous signaler surtout ses deux sources principales, au lieu de rectifier explicitement des hérésies qui se trouveront implicitement dissipées d'après la consciencieuse lecture dont vous honorez mon volume final.

Vos lacunes et vos embarras sont principalement dus à votre station trop prolongée dans la phase métaphysique, où l'on reste incapable de s'élever systématiquement au-dessus du point de vue individuel. Si vous étiez demeuré catholique, il vous serait plus facile de devenir un vrai positiviste, parce que ce régime, quelque arriéré qu'il soit aujourd'hui, vous aurait entretenu dans le sentiment du besoin, et même des conditions de l'unité, que la religion positive peut seule instituer maintenant. Néanmoins, j'espère que votre droiture vous préservera d'ériger votre propre anomalie en type de l'harmonie universelle. Votre lettre reconnaît l'existence de l'Humanité, du moins comme *milieu*, quoiqu'elle refuse d'y voir un *Être* par suite d'une irrationnelle répugnance à qualifier ainsi toute existence dont les éléments ne sont pas matériellement inséparables. Mais un meilleur examen de la réalité vous fera partout sentir que la composition constitue le cas le plus ordinaire, et même, au fond, le seul effectif, quoique la métaphysique soit incapable de le systématiser. Il n'existe essentiellement, pour nous, que deux *êtres*, qui, l'un et l'autre, sont éminemment composés : la Terre, y compris les astres comme appendices; l'Humanité, dont les animaux associables, et même les végétaux utiles, sont les auxiliaires : tout le reste est réellement négligeable dans la synthèse subjective, quand on a radicalement écarté l'absolu comme autant oiseux qu'inaccessible. Voilà nos deux maîtres, profondément connexes, du moins envers nous, l'un supérieur en puissance, l'autre en dignité, mais tous deux dignes de nos respects continus, quoique l'un soit aveugle et l'autre intelligent. Pour résumer notre position générale à leur égard, j'ai récemment construit ce vers systématique dont vous ne tarderez pas à reconnaître la justesse :

Entre l'Homme et le Monde, il faut l'Humanité,

qui les lient intimement, comme aussi semblable au second par sa perpétuité qu'au premier par sa nature. Dans le principal des trois traités que j'ai promis, je développerai spécialement cette double subordination, et je satisferai, j'espère, au digne vœu qu'indique votre lettre envers le culte du monde, ou plutôt de la Terre, d'après l'absorption définitive du fétichisme par le positivisme, qu'annonce, et même ébauche, mon récent volume. En restituant à la matière l'activité que lui ravit le théologisme, et que la science a mal représentée, je dois aussi lui rendre le sentiment que le fétichisme avait dignement consacré. Le Grand-Fétiche qui nous domine et le Grand-Être dont nous sommes les membres provisoires ou définitifs, ne diffèrent radicalement que par l'intelligence, attribut exclusif du second, conjointement avec la mobilité de composition, caractère fondamental de la vie proprement dite. Cette appréciation finale de l'économie universelle fait sentir l'inanité d'une métaphysique incapable de systématiser le point de vue collectif, seul pleinement réel chez les deux parties du dualisme synthétique, où la conception de *l'individu* n'est pas moins abstraite et factice que celle de la *molé-*

cule, malgré l'utilité respective de chacun des deux artifices. J'admets autant que vous le devoir d'honorer le monde comme l'Humanité, pourvu que le culte des volontés aveugles reste assez distinct de celui qui convient aux volontés intelligentes. Quant à votre répugnance à qualifier ces hommages du nom *d'adoration*, elle me semble ne provenir que d'une insuffisante appréciation du sens positif de ce terme indispensable, toujours borné réellement à désigner une suprême effusion de l'attachement, du respect, et de la reconnaissance, pleinement convenable envers les deux êtres, d'après l'immensité de leurs bienfaits continus. Mais la même métaphysique qui vous empêche de reconnaître leur nature composée vous interdit aussi de sentir leur efficacité, principalement relative au temps, tandis que vous la bornez à l'espace.

En second lieu, cette disposition à ne jamais apprécier que la solidarité sans systématiser la continuité, se trouve entretenue par les lacunes morales de notre situation anarchique, d'après la profonde altération qu'éprouvent de plus en plus chez les modernes, non seulement la Patrie, mais aussi la Famille, bases directes de l'Humanité, comme étant pareillement éternelles et collectives, plus subjectives qu'objectives. Quoiqu'on n'ait pas osé jusqu'ici leur étendre la qualification de *mystiques*, qu'elles mériteraient pourtant de la même manière, l'insuffisance de l'essor civique et même du lien domestique empêche de sentir assez ces deux intermédiaires; ce qui suscite la principale difficulté que présente aujourd'hui le dogme de l'Humanité, parce que nous sommes ainsi forcés de monter brusquement de l'individualité complète à la plus vaste connexité, mais, comme je vous l'écrivis jadis, sans remonter jusqu'à l'antiquité, le moyen âge nous offre des types assez décisifs de ces termes moyens que l'anarchie moderne n'a pas entièrement effacés, et dont l'impulsion révolutionnaire nous fournit, à la fin du dernier siècle, d'admirables exemples, où l'on reconnaît que, chez les masses populaires, autant au moins que parmi les classes cultivées, la Patrie n'est point une vaine entité, non plus que la Famille, malgré leur altération passagère.

Quand vous aurez suffisamment apprécié la double source que je viens d'assigner à vos hérésies, la noblesse de votre nature doit assez surmonter les vices de votre éducation pour vous faire pleinement sentir le besoin de la religion positive, sans laquelle les impulsions spontanées ne peuvent plus trouver ni règle ni lien. L'unité personnelle ne peut finalement résulter que de l'union sociale, incompatible avec votre individualisme. Votre élévation morale vous fait apprécier le vrai bonheur comme consistant, autant que le devoir, dans le dévouement le plus désintéressé, que votre lettre qualifie admirablement. Mais, par un contraste analogue à celui qu'offrait Helvétius, votre esprit vous empêche de reconnaître, malgré l'évidence actuelle, l'existence directe des affections bienveillantes, dont vous attribuez, comme lui, les principaux résultats à l'orgueil mêlé de vanité, sans tenir compte des démonstrations positives qui doivent désormais interdire de tels sophismes. En rapportant à la personnalité déguisée la sotte fin de Caton, que Montesquieu, j'espère, cesserait aujourd'hui d'admirer, vous ne pourriez expliquer ainsi le dévouement actif dont notre espèce fournit tant d'exemples, qui se prolongent parmi beaucoup d'animaux, même envers l'avenir.

Malgré sa longueur inusitée, cette réponse n'a point éclairci suffisamment tous les doutes de votre lettre. Je dois attendre une autre occasion, et surtout m'en rapporter à votre digne étude de mon dernier volume, pour dissiper la principale hérésie, dont le danger se trouve chez vous augmenté par l'attrait spécial qu'elle peut naturellement inspirer à votre noble cœur. Vous verrez que j'ai consacré la juste supériorité que vous accordez à l'abnégation de toute récompense, même future et subjective, conformément à l'admirable vœu de Danton. Néanmoins, outre la sublime contradiction qu'offre un tel désir, il pourrait habituellement devenir dangereux en nous rendant trop indépendants de l'opinion d'autrui. Presque tous les hommes ont besoin d'être retenus par les autres, et ce n'est même que d'après un enthousiasme passager qu'on peut réellement devenir insensibles à ce que penseront de nous ceux que nous aimons et vénérons.

Plus vous étudierez le positivisme, mieux vous sentirez que la religion finale se borne, au fond, à systématiser et développer tous les germes déjà consacrés par les religions antérieures. Elle rend surtout irrévocable leur unanime appréciation du besoin d'instituer une synthèse complète, sans laquelle la vie humaine manque autant de consistance que de dignité, faute d'un Être vers lequel puissent toujours converger nos sentiments, nos pensées et nos actions. La noble franchise avec laquelle vous me soumettez vos doutes, et ma cordiale disposition à les dissiper, me font espérer que, si de nouvelles méditations vous laissent encore de graves embarras, vous n'hésiterez point à me demander des rectifications que je regarde, envers ceux que j'estime, comme formant une partie de mes devoirs.

Tout à vous,

AUGUSTE COMTE.

(10, *rue Monsieur-le-Prince*).

P. S. — Voici le reçu correspondant au mandat inclus dans votre lettre de jeudi.

XIV

A Monsieur DE THOLOUZE, à Bordeaux.

Paris, le vendredi 4 Moïse 68
(4 janvier 1856).

Monsieur,

Votre lettre d'avant-hier, que je viens de recevoir, me procure une précieuse satisfaction, en caractérisant vos derniers progrès vers une pleine conversion, pour laquelle je suis ainsi conduit à mieux espérer de vous que vous-même. Si, dans les maladies morales, le plus grand danger consiste à ne pas sentir son mal, on peut, réciproquement, assurer qu'elles touchent à leur guérison quand il est tellement reconnu qu'il dispose à se croire incurable. Une nature aussi sympathique et synthétique que l'est la vôtre ne pouvait pas plus rester condamnée à la sécheresse qu'au scepticisme. L'homme aspire toujours à l'unité, personnelle et sociale, où résident à la fois son devoir et son bonheur, même sa santé. Cette concentration permanente de notre existence ne pouvant plus se rapporter à Dieu, du moins chez les âmes actives, elle ne peut désormais comporter d'autre source que l'Humanité, qui d'abord créa les dieux pour se conduire avant de pouvoir directement guider ses serviteurs. En utilisant les bases d'adoration personnelle que peuvent vous fournir vos antécédents domestiques, vous aurez bientôt institué le culte intime, premier fondement de la vraie culture morale. Ayant à peine commencé votre seconde vie, vous ne sauriez ainsi désespérer d'une régénération que j'ai moi-même subie dans un âge plus avancé, sans avoir été, dans ma première vie, mieux préparé que vous, sous aucun aspect affectif. Permettez-moi donc d'espérer que, suivant mes premiers vœux, je verrai bientôt en vous un digne type du magistrat positiviste, sachant toujours compatir à l'état des âmes les moins avancées, tout en s'occupant continuellement de sa propre amélioration. Alors vous sentirez que ceux, et surtout celles, qui vous semblent retardataires, sont, au fond, plus près que vous ne l'étiez d'un état vraiment normal, en tant que plaçant le perfectionnement du cœur au-dessus de tous les autres progrès, intellectuels comme matériels. Le moyen âge, que votre nature est si propre à goûter, vous apparaîtra dès lors sous son véritable jour, surtout dans son résumé chevaleresque, à la fois catholique et féodal ; ce qui constitue aujourd'hui la principale condition, spécialement chez vous, d'une saine appréciation de la vraie philosophie de l'histoire, où consiste la lacune essentielle de votre remarquable entendement.

Je suis très touché de votre appréciation littéraire envers mes opuscules primitifs. Mais laissez-moi vous rappeler que j'ai déjà réfuté, dans la préface du tome premier de ma *Politique positive*, la critique comparative que vous en avez justement tirée pour mes productions ultérieures. Pour que le style de ma *Philosophie positive* devînt aussi satisfaisant, il m'aurait suffi de récrire mon manuscrit, comme je le fis dans mes premiers essais, au lieu de faire toujours imprimer mon brouillon. Or, ce soin, facile mais lent, aurait fait essentiellement avorter ma seconde vie en prolongeant la première de cinq ou six ans ; ce qui m'eût interdit de subir en temps opportun l'angélique impulsion à laquelle je dois ma régénération morale, et, par suite, mon principal ouvrage. Car je ne crains pas de taxer d'arriérée votre appréciation comparative de mes deux grandes élaborations. Si ma *Philosophie* fournit au positivisme une fondation indispensable, c'est dans ma *Politique* que la postérité fera consister ma principale construction, même intellectuellement, comme l'ont déjà senti mes meilleurs disciples, conformément à l'attitude de mes opuscules primitifs. Voilà pourquoi j'ai détourné quelques adhérents de traduire, selou votre vœu, l'éminent travail de Miss Martineau, qui ne convient réellement qu'au milieu britannique, et peut-être aussi germanique, tandis qu'en France, et même chez les Occidentaux catholiques, les besoins sociaux exigent une marche plus rapide et plus directe, où le positivisme soit d'emblée abordé par ma *Politique* sans s'arrêter à ma *Philosophie,* dont l'étude doit désormais être essentiellement réservée aux théoriciens. D'après un motif semblable, j'ai toujours repoussé la proposition qui me fut plusieurs fois faite de publier séparément l'ensemble de mes opuscules primitifs, que chacun peut d'ailleurs se procurer avec le volume qu'ils terminent, et qu'il importe d'y joindre afin de caractériser la parfaite unité de ma carrière totale.

Quant aux progrès du positivisme, pendant l'année de chômage que je viens d'achever, ils ont essentiellement consisté, comme chez moi-même, en recueillement, appréciation, et préparation, d'un public auquel je n'ai pas fait subir l'influence d'un nouveau volume, afin de le laisser mieux sentir l'ensemble de ma construction religieuse. Mon repos exceptionnel a pourtant été suspendu, pendant sept semaines, pour écrire un opuscule dont votre lettre me paraît indiquer que vous ignorez l'apparition en septembre, sous le titre *Appel aux conservateurs.* Je dois vous renvoyer à sa lecture, qui ne demande que sept heures, quant aux diverses questions ou sollicitudes exprimées à la fin de votre lettre, et que vous verrez essentiellement traitées dans cet écrit épisodique, destiné surtout aux hommes d'État. Il détermine l'attitude générale des vrais positivistes, également supérieurs aux gouvernés révolutionnaires et gouvernants rétrogrades, de manière à guider les véritables conservateurs pour surmonter à la fois les deux vices entre lesquels la situation occidentale, et surtout française, continue d'osciller déplorablement depuis soixante ans. Suivant cette destination, j'ai dû l'envoyer aux principaux chefs occidentaux, en commençant par notre dictateur, auquel M. Vieillard en a déjà remis, en mon nom, un exemplaire, dont l'accueil m'est encore inconnu. Directement relatif à l'installation actuelle de la transition organique, du moins en France, cet opuscule pourra faire cesser l'espèce de désespoir que témoigne votre lettre envers une question dont la solution est irrévocablement trouvée, sauf à la faire suffisamment prévaloir. L'aveuglement des supérieurs ne m'empêche pas d'espérer une issue qui dispense de l'agitation des inférieurs, et je sais déjà que cet opuscule a fixé l'attention de quelques-uns de nos hommes d'État sur l'aptitude du positivisme à concilier radicalement l'ordre et le progrès, en faisant toujours coïncider la consécration et la discipline, de manière à terminer la révolution occidentale par la seule voie qu'elle nous laisse, l'avènement de la religion universelle. Mon année de chômage vient de se terminer par le testament promis à la fin de mon principal ouvrage, et déjà remis à M. Laffitte, que j'en ai constitué le gardien perpétuel. Cette contemplation directe de la mort doit consolider et prolonger ma vie, en perfectionnant mon unité cérébrale et même corporelle. Dans l'accomplissement de ce devoir personnel, je puis immédiatement trouver une amélioration de mon office social, en subissant la meilleure préparation de la grande élaboration que je vais commencer le 1ᵉʳ février par le premier des trois traités annoncés qui doivent composer ma *Synthèse universelle*, complément nécessaire de ma *Politique positive*, comme celle-ci fut la suite inévitable de ma *Philosophie positive*. La construction initiale me permit de comprendre le passé, d'où la suivante a déduit la détermination de l'avenir, au nom duquel je dois directement parler dans ma construction finale. Un tel langage exige une attitude posthume, qui doit mieux m'affranchir des divers préjugés, surtout théoriques, dont nos descendants seront naturellement préservés.

Tout à vous,

Auguste Comte.

(*10, rue Monsieur-le-Prince*).

P.-S. — Le reçu ci-joint correspond à l'envoi des cinquante francs représentés par les deux petits coupons inclus dans votre lettre.

XV

A Monsieur DE THOLOUZE, à Bordeaux.

Paris, le jeudi 24 Bichat 68
(26 décembre 1856).

Monsieur,

Voici les deux reçus qui correspondent, suivant votre répartition, à l'envoi renfermé dans votre lettre d'avant-hier, que j'ai reçue hier matin. Je suis très touché du surcroît de zèle que vous inspire la honteuse insuffisance du subside positiviste. La tiédeur que votre noble nature qualifie d'inexplicable n'est que trop commune parmi mes adhérents, dont les sentiments sont rarement au niveau des convictions. Un triste exemple s'en offre maintenant auprès de vous, dans la personne de M. Alfred Ribet, que je vous ai quelquefois recommandé. Ce jeune propriétaire, qui souscrivait habituellement pour 100 francs par an, n'a rien mis au subside en 1854 et 1855; il va probablement laisser finir 1856 de la même manière. Pourtant il avait récemment promis à M. Laffitte une pleine réparation des lacunes antérieures, d'autant plus étranges qu'elles suivirent un mariage avantageux !

Je suis extrêmement heureux d'apprendre, par votre lettre, votre élévation à l'honorable office d'avocat général. Cette juste récompense de vos services antérieurs honore le gouvernement actuel, en prouvant qu'il sait dignement apprécier les titres exempts d'intrigues. Votre nouvelle position vous permettra de mieux développer la consécration que le positivisme applique à la magistrature, qui peut tant seconder la réorganisation qu'il vient diriger.

Mais, quelque prix que j'attache à ce digne avancement, la principale satisfaction résultée de votre lettre consiste dans l'annonce décisive de la plénitude maintenant procurée à votre conversion sous l'impulsion continue d'une constitution mentale et morale qui ne pouvait se contenter du scepticisme. Ayant enfin atteint l'état vraiment religieux, vous avez dignement terminé votre première vie, et vous commencez la seconde avec les dispositions les plus favorables à son noble développement individuel et social. La pleine unité cérébrale que vous avez ainsi trouvée ne sera pas moins conforme à votre bonheur, même privé, qu'à votre perfectionnement, en vouant vos principales forces à la culture des sentiments supérieurs, seule convenable aux âmes d'élite.

D'après cette disposition finale, votre nature, éminemment synthétique et sympathique, peut directement goûter l'extension décisive que ma *Synthèse subjective* doit irrévocablement procurer à la religion universelle, en incorporant le fétichisme au positivisme. Cette fusion, qui sera surtout propre au volume suivant, se trouve déjà caractérisée dans le tome initial, que j'ai publié le 17 novembre. Quoiqu'il soit essentiellement relatif à la philosophie mathématique, son introduction vous indiquera l'ensemble de la synthèse qui convient à la religion rationnelle et sociale.

Tout à vous,

AUGUSTE COMTE.

(10, *rue Monsieur-le-Prince*).

XVI

A Monsieur DE THOLOUZE, à Bordeaux.

Paris (10, *rue Monsieur-le-Prince*),

le samedi 10 Gutenberg 69 (22 août 1857).

Monsieur,

Je suis à la fois touché de votre noble sollicitude et de l'exquise délicatesse qui m'invite à retarder une réponse que vous désirez. Quoique très sommaire, elle est encore un effort pour moi : mais j'éprouve le besoin de vous témoigner immédiatement la gratitude que m'inspire votre précieuse lettre de mercredi, reçue avant-hier. M. Laffitte vous ayant décrit ma maladie et la pleine convalescence dans laquelle il m'a laissé, je n'ai qu'à vous annoncer la continuation normale de ce retour long et pénible, qui doit probablement durer jusqu'à la fin de septembre. Quand le commencement d'octobre me procurera votre excellente visite, j'ai tout lieu d'espérer que vous me trouverez complètement disponible pour ces cordiaux entretiens auxquels vous voulez bien attacher tant de prix. Il faut seulement savoir que cette grave crise m'offrant le préambule de la vieillesse qui doit normalement commencer dans quatre ans, à la fin de ma *Synthèse subjective*, je prends déjà le régime de cet âge, afin de réaliser la longévité que j'ai toujours jugée nécessaire à l'achèvement de ma grande mission philosophique et sociale. Cette maladie m'ayant spontanément conduit à ne recevoir personne avant midi ni passé cinq heures, je veux désormais garder cette règle pendant tout le reste de ma vie, afin de pouvoir constamment me coucher de bonne heure, sans que mon sommeil souffre d'entretiens souvent excitants. Tous mes vrais disciples respecteront ces précautions, qui ne sont personnelles qu'en apparence, puisqu'elles me permettront de mieux remplir la nouvelle série des devoirs propre à mon active vieillesse sacerdotale.

Le gonflement des jambes et celui du ventre constituent les seuls restes graves de la grande débilité physique qui dut naturellement caractériser ma convalescence, d'après la rudesse de la crise finale et de la sévérité de la diète curative. Je combats ces deux symptômes connexes par une nourriture succulente assistée d'un peu de vin, à titre de tonique, dont je bois un ou deux doigts pur au milieu de l'intervalle de mes deux petits repas quotidiens, déjà replacés à mes heures normales (10 heures et 6 heures). Après avoir ainsi bu la bouteille de vieux bordeaux-laffitte, qui m'avait coûté six francs, je vais aujourd'hui commencer la bouteille exceptionnelle de vrai vin de la comète récemment envoyée par l'un de mes disciples, comme fabriquée par son père, en 1811, dans ses excellents vignobles du Jura. Ces remèdes, dont je me trouve fort bien, sont si loin de me faire renoncer à l'usage exclusif de l'eau pendant mon état normal, qu'ils me font, au contraire, attacher un nouveau prix au liquide universel, ainsi devenu pour moi l'idéal du breuvage, puisqu'il caractérisera mon plein retour à la santé.

Si cette maladie, la plus grave que j'aie jamais subie depuis trente ans, me fut malheureusement survenue l'an dernier ou l'an prochain, au milieu de la composition d'un volume, elle eût profondément ralenti ma construction finale et même elle se serait notablement envenimée par une telle réaction. Mais elle est heureusement tombée dans une année où je n'écris rien et que j'ai seulement vouée tout entière à la forte préparation méditative qu'exigent les deux tiers consécutifs de ma *Morale positive*, théorique en 1858, pratique en 1859. Or, cette indispensable préparation n'a jamais chômé pendant ma maladie où le plus grand trouble corporel ne suscita pas le moindre mal de tête ; au milieu de sa principale intensité, j'ai fait un pas capital dans la conception générale de mon prochain volume. Directement relatif à la connaissance de la nature humaine, ce tome doit beaucoup utiliser les notions plus profondes et plus précises que cette perturbation m'a spontanément procurées sur ce grand et difficile problème, en démontant et remontant ma machine corporelle. La *Morale pratique* y doit aussi gagner en manifestant l'aptitude spéciale de notre culte intime envers l'état maladif, dont la plus douloureuse condition consiste à trop s'occuper du premier terme (*vivre*) de notre devise morale (*vivre pour autrui*), en sorte qu'il tend alors à dissimuler le second, tandis que sous les plus impérieuses sollicitudes de l'égoïsme, mes trois prières quotidiennes m'ont, chaque jour, délicieusement ramené, pendant deux heures, vers l'altruisme : la prière théologique, où l'on demande surtout la santé, ne comporte pas cette sainte réaction.

Résultée des funestes émotions dues à l'ignoble conduite d'un faux disciple, qui sera publiquement flétri dans ma prochaine circulaire annuelle, cette maladie a dignement manifesté, par de nombreux et touchants exemples, les précieux sentiments restés jusqu'ici latents chez les meilleurs positivistes, ainsi reconnus assez avancés en dévouement. Quand ils y joindront assez de vénération, et surtout de fraternité, leur doctrine doit bientôt les placer à la tête de l'Occident. Si le dictateur actuel du peuple central peut paisiblement durer dix ans encore, il installera mes triumvirs.

Continuez, mon noble disciple, à toujours croître en

Fraternité, Vénération et Dévouement.

Auguste Comte,

Fondateur de la Religion universelle
Et premier Grand-Prêtre de l'Humanité.

DEUX LETTRES

A

MONSIEUR LE CAPITAINE BARBOT

1846-1847.

I

A Monsieur le Capitaine BARBOT,
commandant l'artillerie de l'île d'Oléron.

Paris, le samedi 26 décembre 1846.

Monsieur,

J'avais d'abord résolu de ne rien répondre à votre dernière lettre, d'après laquelle je dois désormais voir en vous bien plutôt un véritable adversaire qu'un ancien disciple ou un ami futur. L'irrésolution de votre caractère, et le secret besoin de justifier systématiquement l'inertie sociale inspirée par vos intérêts ou vos préjugés, ne se bornent donc plus à annuler votre éminente et consciencieuse préparation mentale, en la faisant aboutir à un frivole fatalisme ou à un commode optimisme. Vous voilà, ce me semble, descendu maintenant jusqu'à la dernière des philosophies, l'éclectisme, la doctrine des impuissants : vous ne tarderez pas, sans doute, à professer, avec M. Cousin, que la grande solution consiste aujourd'hui dans la neutralisation spontanée des systèmes les plus incompatibles, d'après leur simple juxtaposition continue. En présence d'un tel résultat, je n'ai plus qu'à gémir sur le second exemple décisif qui s'offre à ma vie solitaire d'un grand avortement intellectuel déterminé par l'insuffisance morale.

Mais, dans notre nouvelle situation mutuelle, une partie importante de votre lettre exige de moi une réponse spéciale, au sujet d'une grave imputation que, malgré son absurdité notoire, je ne dois pas laisser passer inaperçue chez un esprit sérieux. Je ne sais, Monsieur, où vous pouvez avoir lu, soit dans mon ouvrage fondamental, soit dans mon Discours sur l'esprit positif (auquel vous paraissez faire allusion), que je me trouve *obligé de soulever les passions des masses contre les classes possédant la fortune*. Ce prétendu *appel aux passions les plus antisociales*, qui vous semble avec raison peu philosophique, est aussi contraire à mes convictions qu'à mon caractère. Quoique, dès ma première jeunesse, j'aie toujours été dévoué, comme j'espère le demeurer jusqu'au bout, à la vraie cause populaire, vous êtes le seul, Monsieur, qui m'ayez jamais accusé d'une démagogie qui m'est surtout antipathique en tant que compromettant ce grand but.

La principale sollicitude de la politique moderne, et l'objet essentiel de la révolution actuelle, me semblent devoir concerner les classes inférieures, dont l'incorporation sociale constituera bientôt la suite nécessaire et l'indispensable complément de l'immense régénération commencée au moyen âge par l'entière abolition du servage. C'est le sentiment profond de cette destination vraiment sainte qui, à mes yeux, éleva la Convention très au-dessus de la Constituante, et rendit les Montagnards si supérieurs aux Girondins. Mais, tout en coopérant, à ma manière, à ce grand œuvre de notre siècle, j'ose dire que, sans aucun souci de ma popularité, j'ai toujours combattu avec soin,

et non sans succès, les sentiments d'envie et de ven-
geance que des utopies subversives y joignent encore
dans nos anarchiques intelligences. Si le positivisme
doit surtout systématiser aujourd'hui les justes récla-
mations des prolétaires, son inflexible morale pèsera
tout autant sur les classes inférieures, pour y contenir
les passions haineuses et les vicieux déclassements,
que sur les classes supérieures, pour réprimer, ou flé-
trir au besoin, leur dédaigneux et stupide égoïsme.

Parce que vous ne voulez pas coopérer réellement
à cette difficile réorganisation, faut-il calomnier ainsi
ceux qui sincèrement y ont voué toute leur vie, publique et même privée ? Quoique, depuis longtemps,
divers indices spontanés m'aient successivement manifesté, à plusieurs égards importants, le défaut radical
de justesse propre à votre intelligence, où cette lacune
partielle n'exclut d'ailleurs ni la sagacité ni même la
force, j'ai néanmoins été aussi surpris que choqué de
voir surgir de votre part une accusation tellement
absurde que je vous défie de citer à l'appui un seul
passage de mes écrits quelconques, depuis environ
trente ans que j'imprime.

Votre ancien chef spirituel,

AUGUSTE COMTE.

(10, *rue Monsieur-le-Prince*).

II

A Monsieur le Capitaine BARBOT,
à Mézières.

Paris, le samedi 27 février 1847.

Monsieur,

Votre lettre de mercredi dernier m'afflige autant par ses lacunes que par son contenu. Cependant je m'empresse d'y répondre, parce que j'y crois reconnaître une sincère intention d'éviter une rupture, quoique vous n'ayez rempli aucune des conditions propres à me rendre mon ancienne confiance en vous. Je suis surtout choqué de n'y rien trouver au sujet des divers torts personnels qui ont motivé la sévérité de mes deux dernières lettres et de mon accueil du 10. Si l'orgueil vous domine au point de ne vouloir reconnaître l'évidente justesse d'aucun de mes reproches, je crains qu'il ne reste entre nous peu de germes d'un véritable rapprochement, même philosophique.

Pour vous donner une nouvelle preuve d'indulgence réelle, j'éviterai la juste aigreur qu'inspirerait peut-être à tout autre votre choquante insinuation sur l'indigne motif secret que vous supposez à mes récentes confidences personnelles. Quelque blâmable que soit de votre part une erreur aussi gratuite, je me borne à vous la signaler comme un indice spontané de ce défaut radical de justesse que m'a souvent offert votre esprit, même quand vous veniez, il y a douze ans, à mes leçons mathématiques.

Souvenez-vous donc, Monsieur, que les mêmes lettres qui renfermaient ces confidences pécuniaires, auxquelles vous osez soupçonner un motif intéressé, contenaient également la naïve expansion de mes plus intimes sentiments privés. L'évidente impossibilité de noircir aucunement ce libre épanchement d'une éternelle douleur aurait bien dû vous faire sentir que l'autre communication tenait aussi à ce profond besoin d'ouverture que mon cœur éprouve si vivement, et que je croyais pouvoir satisfaire sans danger auprès de vous.

D'après l'ensemble de votre lettre, je vois que la tendance à l'éclectisme n'était chez vous qu'une disposition transitoire, qui vous conduira peut-être bientôt à une pleine rétrogradation théologique ; ce sera du moins plus conséquent, si vous pouvez y aboutir et surtout y rester. Je ne le regretterai guère que pour vous-même, comme déplorable issue d'une éminente et difficile préparation intellectuelle ; car la nouvelle philosophie, essentiellement sociale, et destinée surtout à lier la vie spéculative à la vie active, et même à la vie affective, beaucoup plus complètement que dans tout autre régime, doit faire peu de cas des adhésions purement scientifiques, qui n'exerceraient aucune réaction morale et pratique. Vous avez toujours eu besoin d'une direction extérieure, et même d'un directeur ; puissiez-vous en trouver d'efficace dans ce clergé déchu auquel vous allez vous livrer ! Mais ne comptez pas atteindre ainsi une vraie situation d'équilibre ; car le développement intérieur de votre intelligence, quelque effort que

vous fassiez pour l'annuler artificiellement, vous empêchera toujours d'y parvenir d'après cette base décrépite.
Vous n'obtiendrez par là que le déplorable état d'inconséquence qui tourmente la vieillesse de M. de Blainville,
sans avoir comme lui la compensation due à d'éminents
services scientifiques, ni l'excuse relative aux vices et
aux lacunes de sa première éducation. Une seule voie
vous reste encore pour échapper réellement à l'ennui et
à la décomposition morale dont vous menace irrévocablement le défaut d'harmonie entre votre esprit et votre
caractère. Quittez franchement, au moins pendant
quelques années, la vie théorique qui vous a si mal
réussi, et livrez-vous pleinement à la vie pratique. Votre
salut réel dépendrait surtout d'une forte inclination
personnelle, si vous en êtes vraiment susceptible. Sans
aspirer à un être aussi accompli que l'ange dont je pleu-
rerai toujours la perte irréparable, vous pourriez trouver une femme digne de vous inspirer une passion suffisante pour imprimer à votre existence cette active
unité qui lui manque, et que vous allez si vainement
demander à une corporation devenue, sous des formes
jadis imposantes, le rebut, tant moral que mental, de
la société actuelle.

Au reste, à quelque situation d'âme ou d'esprit que
vous parveniez jamais, vous me trouverez toujours disposé, au fond, à me souvenir que vous fûtes pour moi
un élève sur lequel je fondais quelques espérances sérieuses, quoique moins nettes et moins étendues que
celles qui furent avant vous frustrées par l'avortement,
encore plus déplorable, dont je vous ai quelquefois parlé.

Auguste Comte.

UNE LETTRE

A

SIR. ROBERT PEEL

1848.

A Sir Robert PEEL, à Londres.

Paris, le vendredi 1er septembre 1848.

Monsieur,

Quoique l'Angleterre ait la première accueilli noblement la nouvelle philosophie d'où émane la communication ci-jointe, vos hautes occupations pratiques vous ont peut-être empêché jusqu'ici d'accorder une attention spéciale à cette reconstruction théorique par laquelle notre siècle se distinguera surtout du précédent. En ramenant l'évolution sociale à des lois naturelles, propres à faire prévoir sans incertitude la marche générale des événements, je serais heureux que l'utilité politique d'une telle science fût entrevue par le seul homme d'État vraiment éminent que possède aujourd'hui l'Occident, par celui qui a le mieux senti l'intime connexité des conditions de l'ordre avec celles du progrès.

De toutes les situations occidentales, la situation anglaise paraît maintenant la moins rapprochée de la régénération finale vers laquelle tend l'ensemble du mouvement moderne. Cependant les véritables chefs politiques y sont plus susceptibles qu'ailleurs d'apercevoir cette issue nécessaire de la grande crise qui agite toute l'élite de l'humanité.

J'ai donc crû devoir vous adresser mon exposition

systématique complète, quoique sommaire, du caractère normal que l'étude du passé assigne à l'avenir occidental, d'après les principes fondamentaux de la philosophie positive. Un opuscule spécial développe ensuite l'application politique de cette théorie sociologique à la présente situation de la France, pour déterminer le régime provisoire le plus propre à faciliter notre dernière transition, en assurant avec énergie l'ordre matériel, tandis que l'élaboration philosophique dissipera librement l'anarchie intellectuelle et morale qui interdit aujourd'hui toute construction définitive. Cette conception pratique semble d'abord peu convenir à votre pays ; mais votre sage expérience y remarquera peut-être la prépondérance directe et continue du pouvoir central, dont l'Angleterre a désormais tant besoin.

Sans compter sur une pleine sympathie, j'espère que ces lectures vous indiqueront la réalité, et même l'opportunité, de la seule philosophie qui, écartant toute considération abstraite et absolue, fasse toujours sortir l'ordre artificiel d'une judicieuse systématisation de l'ordre naturel.

Daignez, Monsieur, agréer, à cette occasion, la respectueuse estime de

Votre dévoué serviteur,

Auguste Comte,

Auteur du *Système de philosophie positive.*

CINQ LETTRES A M. VIEILLARD

1849-1855.

A Monsieur M. VIEILLARD, Représentant du peuple.

Monsieur,

A la faveur de nos anciennes relations, je venais ce matin vous entretenir librement d'un grave intérêt public qui m'est d'un haut prix personnel.

Vous avez vu naître l'enseignement positif que je pratiquai gratuitement, à la troisième mairie, pendant toute la durée du dernier gouvernement, pour initier dignement la raison populaire au véritable esprit philosophique. Je n'ai donc pas besoin d'insister ici sur l'intime aptitude de ces leçons hebdomadaires à seconder activement la conciliation fondamentale entre l'ordre et le progrès, qui constitue le nœud essentiel de la politique actuelle, et qui forma toujours le principal caractère de ma philosophie. Ces dix-sept ans d'épreuve publique dissipent d'ailleurs toute incertitude à cet égard, ne fût-ce que par l'invariable attitude d'un cours qui ne suscita jamais le moindre trouble, même aux temps orageux.

Afin de mieux caractériser l'esprit scientifique dans sa pureté initiale, vous savez que je choisis d'abord l'astronomie pour ce libre enseignement populaire. Mais vous n'ignorez pas que, dès le début, il fut toujours précédé et dominé par un préambule philosophique qui en signalait pleinement la portée mentale et la destination sociale. Ce préambule fondamental, borné d'abord à une ou deux séances, acquit ensuite une extension croissante, à mesure que ma philosophie devenait plus complète et mieux appréciable, surtout depuis l'entière publication de mon grand ouvrage. En 1847, cette introduction remplit *douze* longues séances annoncées, dont la substance se retrouve dans mon récent *Discours sur l'ensemble du positivisme*.

Le succès de cette dernière extension m'a déterminé, l'an passé, à remplacer enfin mon cours primitif d'astronomie par un *cours philosophique sur l'histoire générale de l'humanité*. Suivant l'*Avis* inséré au *Moniteur* du 22 janvier 1848, « ce nouveau cours « est surtout destiné à donner au peuple une juste « idée de l'intime liaison du présent avec l'ensemble « du passé, afin de concevoir sans utopie l'avenir « social, autant qu'une saine théorie historique per- « met de le déterminer. » Cette annonce indique assez la haute efficacité d'un tel enseignement pour faire dignement prévaloir l'esprit historique et l'instinct de continuité chez une population dont le principal tort consiste à se laisser dominer par des vues et des sentiments antihistoriques.

Entravé, dès son début, par l'aveuglement du pouvoir déchu, ce cours commençait à se poursuivre paisiblement sous l'admirable recueillement d'un nombreux auditoire prolétaire, quand les nouveaux besoins municipaux vinrent m'enlever, sans aucune malveillance locale, la salle où j'avais si longtemps professé. Depuis cette suspension forcée, au milieu de mars 1848, il m'a été impossible d'obtenir une autre salle publique, malgré mes démarches réitérées, et celles de beaucoup d'auditeurs, quoique la chute de la royauté multipliât évidemment les locaux disponibles.

Ces résistances inattendues tiennent surtout à la répugnance spontanée des littérateurs et des métaphysiciens contre toute sérieuse initiation du peuple à la saine philosophie, qui compromettrait nécessairement leur omnipotence usurpée. A mesure que notre situation républicaine caractérise mieux et seconde davantage une telle tendance, les rhéteurs et les sophistes y opposent de plus en plus les divers moyens de compression indirecte propres à leur puissance officielle. Contre de tels obstacles, je n'ai d'autre ressource que la ferme intervention d'un chef suprême qui, placé au-dessus de toutes ces antipathies de coterie, doit toujours protéger, en véritable homme d'État, les efforts consciencieux qui peuvent sagement concourir à rectifier l'esprit public. D'après cette conviction, je me suis adressé, il y a deux mois, à M. le général Cavaignac, alors chef du pouvoir exécutif. Il paraissait avoir déjà compris la nécessité d'intervenir ici, sans me renvoyer au ministre de l'instruction publique, ce qui constituerait, au fond, une fin de non-recevoir, en me mettant à la merci des influences mêmes que j'accuse, et qui sont surtout cantonnées dans ce ministère. Mais la retraite de ce chef temporaire m'oblige aujourd'hui à de nouvelles démarches envers le président définitif de notre République.

C'est pour cela que je venais ce matin réclamer

franchement votre officieuse entremise, dont je connais la portée. Si, comme je l'espère, le cas vous intéresse, j'en causerai plus amplement avec vous dans l'entrevue spéciale que je vous prie de m'assigner le plus prochainement possible.

Salut et fraternité.

AUGUSTE COMTE.

(10, *rue Monsieur-le-Prince*).

Samedi soir, 13 janvier 1849.

P.-S. — Ma demande d'un local public est d'autant plus grave que ces misérables antipathies littéraires et métaphysiques empêchent non seulement mon propre cours, mais aussi tous les autres enseignements positifs émanés d'une libre association que je m'honore de présider pour la saine instruction populaire, suivant la circulaire ci-jointe.

II

A Monsieur VIEILLARD, Représentant du peuple.

Monsieur,

Je vous écrivis, il y a trois mois, au sujet de la mesure officielle qui empêcha les deux dernières séances de mon cours philosophique sur l'histoire générale de l'Humanité, en m'ôtant brusquement la salle accordée, pour cet enseignement, par le même ministre, six mois auparavant, d'après votre intervention spéciale. Votre silence me fait présumer que cette lettre, arrivée pendant votre absence, ne vous est point parvenue. Quoi qu'il en soit, sans revenir sur l'acte accompli, j'espère, comme je vous l'annonçais alors, qu'une brutalité passagère envers un cours irréprochable, n'indique point un parti pris de m'interdire cet office gratuit. C'est pourquoi, voyant approcher l'époque ordinaire, où, depuis dix-neuf ans, je rouvre ma tribune volontaire, je vous prie de m'assigner, à votre convenance, un prochain entretien, où je puisse assez motiver ma nouvelle demande de votre honorable patronage, afin d'obtenir ainsi, à partir du quatrième dimanche de janvier 1850, pour le même cours, l'usage de la même salle, ou, à son défaut, d'une autre aussi convenable, tous les dimanches, de midi à 3 heures, jusqu'à la fin de juillet.

Votre zèle constant à cet égard m'inspire une entière confiance dans votre loyale disposition à me faciliter, autant qu'il dépendra de vous, un libre service dont vous reconnaissez l'utilité générale. Quelques dissidences secondaires, inévitables aujourd'hui entre les esprits les mieux ralliés, ne nous empêchent pas de concourir assez sur les principales bases de la vraie réorganisation mentale et sociale. Nous sommes tous deux des républicains sans date, qui, purs d'ambition privée, voulons diriger dignement la seconde partie de la grande révolution vers la régénération totale qui constitue sa seule issue possible. Vous sentez, autant que moi, combien il importe de former solidement la raison populaire, pour la préserver radicalement des jongleurs et des utopistes. Assistant à l'inauguration de ma libre chaire philosophique, en janvier 1831, vous savez que j'invitais alors les classes dirigeantes à utiliser l'intermittence qu'allait éprouver, pendant quelques années, la fièvre révolutionnaire, afin d'adoucir et d'abréger ses succès ultérieurs, en favorisant la saine instruction des prolétaires, et même l'extension politique de l'esprit positif. Si ces avis, donnés à tous, eussent été moins négligés, la situation actuelle s'en trouverait mieux. Or, nous sommes aujourd'hui dans un cas semblable, mais beaucoup plus grave.

Par l'irrévocable avénement de notre république, le peuple a obtenu la consécration légale du principe, vers lequel il ne faisait alors que tendre, qui voue toutes les forces sociales à l'utilité commune, spécialement relative aux prolétaires. La présente contradiction entre ce principe moral et la conduite politique ne saurait être durable. Or, le principe ne pourrait fléchir que par une rétrogradation monarchique entièrement impraticable, et qui d'ailleurs, ne comportant aucune consistance, n'aboutirait, au nom de l'ordre, qu'à déterminer bientôt de plus violentes perturbations. Il faut donc, au contraire, que les conséquences deviennent prochainement conformes au principe, autant du moins que le comporte notre anarchie intellectuelle et morale. Votre politique est trop éclairée pour méconnaître la tendance rapide de notre situation républicaine vers une grande révolution socialiste, qui sera calme ou orageuse suivant la manière dont elle se trouvera préparée et conduite. Tout véritable homme d'État, dirigé par une vraie théorie historique, qui indique la marche des événements, doit donc s'efforcer d'atténuer, autant que possible, ces prochains conflits, en secondant tout ce qui peut prévenir ou dissiper l'imminent ascendant des utopies subversives.

C'est à ce titre que je demande hautement aujourd'hui, non seulement une juste tolérance, mais un digne respect et un utile encouragement pour un sacerdoce philosophique dont l'expérience a déjà constaté l'efficacité, et que seul encore je puis convenablement remplir. En se consacrant au maintien difficile de l'ordre matériel, le pouvoir temporel est maintenant forcé de négliger le désordre intellectuel et moral, sur lequel il n'a aucune prise réelle et dont il se voit même obligé d'admettre les principes essentiels, d'après la sanction légale des divers dogmes révolutionnaires. Dans cette position contradictoire, il devrait se féliciter qu'un philosophe éprouvé tentât publiquement de discipliner les esprits et les cœurs les plus rebelles, sans leur faire jamais une seule concession anarchique. Or, vous savez que tels furent toujours le sens et le résultat de mes longs efforts.

Les docteurs officiels ne peuvent attaquer l'esprit révolutionnaire sans constater leur propre impuissance, puisqu'ils redemandent pour cela les bases théologiques dont la décadence devint la première source de la crise décisive. Au contraire, le positivisme ne s'adresse directement qu'aux intelligences dégagées de toute croyance surnaturelle, et qu'une telle émancipation fait aujourd'hui supposer indisciplinables. C'est chez celles-là que la religion sociologique fournit aux saines notions sociales, sur l'ordre, la propriété et la famille, des fondements beaucoup plus stables que ceux qui émanèrent jamais de la religion théologique. Au drapeau des niveleurs, nous pouvons seuls opposer dignement le drapeau des constructeurs. Nul des prétendus conservateurs n'est logiquement capable de réfuter avec succès aucune des utopies subversives, sans invoquer aussitôt la répression matérielle, qui ne fait qu'aggraver le désordre moral. Quoique la philosophie positive n'ait encore qu'un essor très restreint, elle a déjà ramené aux saines doctrines sociales et domestiques beaucoup de cœurs honnêtes et d'esprits judicieux que les opinions anarchiques avaient profondément atteints. Il serait étrange que le service désintéressé du nouveau pouvoir spirituel ne pût être secondé aujourd'hui par la simple concession d'une salle publique, tandis que tant de millions sont encore consommés légalement pour des croyances impuissantes ou dissolvantes.

Aussi, je dois espérer que l'aveugle brutalité commise envers la fin de mon cours sera bientôt réparée dignement. L'insuffisance de la liberté d'exposition ne peut être maintenant excusée que par le danger des prédications anarchiques ou par le besoin de mieux préparer la reconstruction mentale. Aucun de ces deux motifs ne s'applique à un enseignement qui n'amena jamais le moindre désordre et qui tendit toujours à rectifier les aberrations révolutionnaires. Tout nouvel obstacle apporté à mon office philosophique autoriserait donc à penser que la compression actuelle est surtout due, non seulement à un intime sentiment d'impuissance spirituelle, mais aussi au secret besoin de faire prévaloir des intérêts immoraux.

L'entretien spécial, que je continue à vous demander, complètera les explications nécessaires que je viens d'ébaucher. Cette lettre, pleinement communicable, indique déjà les principaux motifs de la nouvelle concession officielle que je réclame, non à titre de faveur, mais au nom d'une haute fonction morale, dont je suis le seul organe actuel (1).

Salut et fraternité.

AUGUSTE COMTE,

Auteur du *Système de philosophie positive.*

(10, *rue Monsieur-le-Prince*).

Jeudi soir 18 Frédéric 61
(22 novembre 1849).

III

A Monsieur VIEILLARD, Représentant du peuple.

Monsieur,

Je crois devoir vous adresser ci-jointe une copie littérale de la remontrance personnelle que j'ai envoyée avant-hier au ministre actuel des travaux publics, au

(1) On trouvera en appendice, à la fin du volume, une lettre de M. Vieillard au Préfet de police, pour appuyer auprès de celui-ci la demande d'autorisation sollicitée par Auguste Comte.

sujet de son lâche silence sur la demande très simple que je lui avais faite d'après votre invitation spéciale. Vous voyez ainsi que je regarde la reprise de mon cours gratuit comme décidément ajournée jusqu'à la salutaire secousse qui mettra un terme, peu éloigné sans doute, à la plus vile rétrogradation qu'on ait encore tentée. L'oppression d'un tel enseignement pourra servir à l'histoire pour caractériser ceux qui, au nom de l'ordre matériel, s'efforcent, au fond, de prolonger, autant que possible, l'anarchie intellectuelle et morale, qui permet à tous les personnages sans cœur, sans esprit et sans caractère, de devenir successivement, à très peu de frais, les chefs officiels de la République française.

Salut et fraternité.

AUGUSTE COMTE.

(10, rue Monsieur-le-Prince).

Mercredi 9 Aristote 62.

IV

A Monsieur VIEILLARD, Membre de la Commission consultative.

Monsieur,

Dans notre précieux entretien du 28 novembre, votre civique sollicitude fut justement frappée de mon annonce relative aux salutaires conférences privées par lesquelles un digne et zélé positivisme (M. Lucas, pharmacien, Grande-Rue, à la Croix-Rousse) s'efforçait, depuis quelque temps, et avec beaucoup de succès, de ramener solidement aux vraies notions fondamentales de l'ordre, les principaux prolétaires lyonnais enclins au communisme. Vous avez spécialement remarqué comment cette influence paisible et réfléchie avait récemment surmonté les tendances subversives invoquées par deux représentants *en tournée anarchique,* suivant l'heureuse expression de M. Lucas. Ce noble et sage citoyen avait d'ailleurs annoncé ces conférences périodiques aux autorités de sa commune, qui voyaient avec plaisir un tel service. Je viens pourtant d'apprendre que M. Lucas a été dernièrement arrêté. Cette mesure inexplicable ne peut être due qu'à l'aveugle précipitation avec laquelle on procède trop souvent en ce moment. Je connais assez M. Lucas pour garantir pleinement sa constante opposition à tous les meneurs démagogiques, et sa ferme conviction de regarder le maintien scrupuleux de la tranquillité publique comme la première condition du vrai progrès social. L'un de mes jeunes amis, qui le vit à Lyon le 3 décembre, en se rendant à Paris, le trouva spécialement occupé à détourner de toute agitation politique les prolétaires dont il possède la confiance. C'est pourquoi je n'hésite point à vous demander, non seulement comme un service personnel, mais surtout au nom de l'intérêt public, de vouloir bien employer immédiatement votre haute intervention pour faire cesser cette injuste arrestation, et rendre, le plus promptement possible, M. Lucas à sa respectable existence habituelle. Si vous croyez avoir besoin d'autres renseignements à ce sujet, je serai toujours prêt à vous les fournir, quand et comme vous le souhaiterez.

Salut et fraternité.

AUGUSTE COMTE.

(10, *rue Monsieur-le-Prince*).

Lundi 13 Bichat 63
(15 décembre 1851).

P. S. — Le correspondant lyonnais qui m'apprend cette arrestation (M. A. Laurent, jeune oùvrier tisseur, à la Croix-Rousse), est lui-même atteint d'un coup semblable, suspendu par sa présence actuelle à l'hôpital de Lyon, pour une maladie chronique. Je sais depuis longtemps que M. Laurent est autant éloigné que M. Lucas de toute tendance subversive, et qu'il emploie à pacifier les esprits la grande considération dont il jouit si justement parmi ses camarades, d'après son éminente nature morale et mentale convenablement cultivée par son éducation spontanée. Ainsi, j'espère que, en obtenant la libération de M. Lucas, celle de son digne ami en sera la suite immédiate. J'attacherais le plus grand prix à ce double service envers de fervents apôtres de la vraie religion de l'ordre.

V

A Monsieur le Sénateur VIEILLARD, à Paris.

Paris, le lundi 8 Frédéric 67
(12 novembre 1855).

Monsieur,

J'attendais votre retour pour vous envoyer les deux exemplaires ci-joints de mon *Appel aux conservateurs,* publié depuis le commencement de septembre. D'après cet opuscule, les hommes d'État de tous les partis peuvent sommairement apprécier l'aptitude du positivisme à concilier radicalement l'ordre et le progrès, en faisant toujours coïncider la discipline et la consécration.

Quand vous aurez lu l'exemplaire qui vous est destiné, je vous prie d'offrir l'autre à votre puissant élève, en lui témoignant ma reconnaissance pour la salutaire domination qui permet aux vrais philosophes de poursuivre dignement les méditations régénératrices. Sept heures d'attention peuvent aussi lui faire assez sentir que la synthèse universelle est maintenant capable d'inspirer des conseils réellement applicables à la politique nouvelle, qui manque à la fois de principe, de base et de but, faute d'une conception de l'avenir déduite de l'explication du passé. Dût-il même se borner d'abord à lire la conclusion, qui n'exige pas plus d'une heure, il y serait, j'espère, frappé de la proposition décisive dont l'adoption peut seule préserver la France, et par suite tout l'Occident, de nouveaux orages, quand la dictature qu'il a fondée changera de mains.

Sans jamais chercher des contacts auxquels je suis peu propre, je dois toujours fournir les éclaircissements et les conseils qui me sont convenablement demandés. Ce devoir général m'est surtout prescrit envers quiconque se trouve en mesure d'utiliser ces communications pour le salut public. Je suis donc prêt à développer, avec une respectueuse déférence, les explications, écrites ou verbales, que la lecture de cet opuscule pourrait faire souhaiter.

Salut et fraternité.

AUGUSTE COMTE.

(10, *rue Monsieur-le-Prince*).

NEUF LETTRES
A M. BENEDETTO PROFUMO
1849-1856.

D'après les originaux donnés
par le destinataire.

I

Al signore **BENEDETTO PROFUMO**, *à Genova.*

Paris, le mercredi 24 Bichat 61
(16 décembre 1849).

Monsieur,

Je me félicite que ma prédilection habituelle pour la langue de Dante et de Manzoni m'ait permis de goûter pleinement la bonne lettre que j'ai reçue hier de vous. Mon empressement à y répondre vous indiquera, j'espère, combien elle m'a satisfait.

Depuis une dizaine d'années, le positivisme a pénétré avec succès chez les Occidentaux du Nord, d'abord en Angleterre, ensuite en Allemagne, et surtout en Hollande. Il a fait même de solides progrès en Espagne, mais je n'avais encore aucune connaissance de son heureuse entrée en Italie. Vous pouvez ainsi juger quelle importance spéciale je dois attacher à votre franche et honorable adhésion, qui en promet beaucoup d'autres.

J'ai toujours regardé la population italienne comme la mieux disposée à la grande régénération occidentale dont la France dut prendre la périlleuse initiative. C'est pourquoi je ne m'expliquai son silence exceptionnel envers la philosophie qui vient systématiser ce mouvement spontané que par l'insuffisance des contacts et le défaut de liberté. Nos frères du Nord préparèrent, il y a quelques siècles, la crise finale. Mais c'est à nos frères du Midi qu'il appartient d'en seconder la terminaison. Préservés de la métaphysique protestante et de l'individualisme industriel, eux seuls comprennent assez le besoin prépondérant et les conditions essentielles d'une vraie réorganisation spirituelle. Autant affranchis des préjugés révolutionnaires que des tendances rétrogrades, ils compenseront bientôt leur retard apparent en passant d'emblée du catholicisme au positivisme, sans s'arrêter au déisme français, ni, encore moins, au panthéisme germanique. Cette compensation naturelle résultera nécessairement de la suprématie qu'ont heureusement conservée, en Espagne et en Italie, les besoins moraux proprement dits, tant privés que publics, auxquels la religion de l'Humanité vient aujourd'hui mieux satisfaire que ne le put jamais la religion de Dieu, même dans sa plus noble splendeur du moyen âge.

Par une hygiène cérébrale dont je me suis toujours félicité, je m'abstiens, depuis longues années, de toute autre lecture habituelle que celle des grands poètes occidentaux. Mais l'ensemble de votre lettre me déterminera bientôt à une exception passagère en faveur du travail que vous avez publié l'an dernier. Je n'ai pas voulu cependant attendre d'avoir pu le lire pour vous témoigner la gratitude que m'inspire votre noble et loyale démarche.

Si je connaissais des moyens sûrs de transport, je vous adresserais les principaux opuscules positivistes publiés ici, depuis l'avénement de notre république, sur l'ensemble des mesures de transition.

Salut et fraternité.

Auguste Comte.

(10, rue Monsieur-le-Prince).

II

Al signore BENEDETTO PROFUMO, à Genova.

Paris, le 10 Shakespeare 62
(Jeudi 19 septembre 1850).

Monsieur,

Outre son vif intérêt propre, votre excellente lettre du 2 septembre m'a beaucoup satisfait en dissipant mon inquiétude sur l'arrivée de la réponse immédiate que je fis à votre première lettre en décembre dernier. Cette expérience mutuelle devant nous rassurer quant à la régularité des relations postales entre Paris et Gênes, j'espère que rien n'entravera plus la précieuse correspondance philosophique et sociale qui convient à la formation d'un premier foyer positiviste en Italie.

J'aurais déjà répondu à votre seconde lettre si je n'avais voulu obtenir d'abord des renseignements certains sur l'entreprise que vous m'y indiquez comme propre à transmettre sans risque les divers opuscules positivistes que je désire vous expédier depuis longtemps. Ma vie isolée, soigneusement étrangère depuis douze ans à toute lecture de journaux, ne me permettait de rien conclure de mon ignorance à cet égard. Il a donc fallu consulter spécialement divers amis mieux informés, dont les actives recherches sont malheureusement d'accord pour constater qu'il n'existe encore à Paris aucune agence de cette sorte, du moins à leur connaissance. Toutefois, mon premier embarras vient inopinément de se dissiper par une autre voie de transmission, résultée d'un voyage récent sur la Corniche. Un de mes confrères, actuellement en visite dans le Var, a organisé à Nice une relation confidentielle avec *M. Hippolyte Paulet*, libraire, qui y tient un cabinet de lecture, et chez lequel je vais envoyer, par le courrier de demain vendredi 20 septembre, un paquet en dépôt, avec la suscription : *pour transmettre à M. Benedetto Profumo*. Cet envoi renferme trois exemplaires de chacun de mes opuscules publiés par la société positiviste depuis sa naissance en mars 1848. Vous pourrez le réclamer chez M. Paulet aussitôt que vous aurez lu cette lettre.

En attendant cette communication, le programme ci-joint vous donnera une idée immédiate du seul moyen périodique que j'aie pu instituer jusqu'ici pour la propagation normale du positivisme. Ce cours s'est heureusement accompli, l'an dernier, par une suite de prédications librement prolongées pendant quatre heures chaque dimanche, dans une salle officielle. Seulement le gouvernement me retira ce local pour les deux dernières séances. Malgré cette brutalité finale, le même cours a eu lieu, cette année, après de longues et pénibles négociations, de la même manière et dans la même salle. Ainsi rouvert le dimanche 21 avril, il dure encore très paisiblement, et j'espère cette fois l'achever sans entrave le dernier dimanche d'octobre. Cette réparation est d'autant plus décisive qu'elle ne résulte d'aucune concession. J'en ai, au contraire, remercié systématiquement le ministre en lui expliquant librement la nature et la destination d'un tel cours, par une lettre qui est ensuite devenue publique dans le journal de Madrid *El Clamor publico,* du 10 mai.

Dans la séance d'ouverture, j'ai ouvertement proclamé, sans aucune réclamation, le drapeau systématique que le positivisme propose aux cinq grandes populations de la République Occidentale, française, italienne, germanique, britannique et espagnole. Ce drapeau occidental est de couleur verte, symbole naturel de l'espérance propre au parti du progrès. Sur ses deux faces sont inscrites, en or, les deux devises fondamentales du positivisme : l'une politique, essentiellement destinée aux hommes : *Ordre et Progrès ;* l'autre morale, spécialement convenable aux femmes : *Vivre pour autrui.* Le manche est surmonté par la statuette de l'Humanité, une femme de trente ans tenant son fils entre ses bras. De ce drapeau commun à tout l'Occident, je déduis ensuite chaque drapeau national, en y ajoutant une simple bordure aux couleurs actuelles de la population correspondante, quelque petite qu'elle soit. Ainsi, pour la France, cette bordure est tricolore, mais avec prépondérance du milieu blanc, en mémoire du vieux drapeau français. Tel est le drapeau normal des vrais constructeurs, que j'ai ouvertement opposé à l'emblème sanguinaire des niveleurs. Depuis six mois que cette proclamation est accomplie, elle n'a excité aucun ombrage de la part du gouvernement, et les anarchistes ne l'ont repoussée que par leur silence habituel envers tout ce qui émane du positivisme.

Parmi divers autres symptômes que je ne puis citer ici de l'ascendant graduel que la situation nous procure, et sur lesquels je reviendrai dans une autre lettre, je me borne aujourd'hui à vous indiquer une seconde manifestation, où le positivisme se substitue pleinement au catholicisme pour la plus intime solennité de la vie privée. Il s'agit d'un mariage positiviste, que j'ai célébré, le jeudi 18 juillet dernier, comme *prêtre de l'Humanité*, devant un auditoire de véritable élite, composé de vingt-cinq personnes des deux sexes, qui remplissaient mon salon servant de chapelle. Après une longue exhortation religieuse, les deux époux ont contracté et signé, tout en larmes, et au milieu d'une profonde émotion générale, le saint engagement du veuvage éternel, qui caractérise le mariage positiviste. La signature de tous les assistants confirme cette libre obligation. Je ne crois pas que le catholicisme puisse, de nos jours, se vanter d'avoir nulle part accompli une cérémonie aussi touchante. Des motifs de prudence envers l'une des familles m'ont seuls empêché de publier le discours que j'ai prononcé à cette occasion. Cette lacune se réparera peut-être bientôt pour un nouveau mariage positiviste. En effet, celui-ci est réellement le second. Le premier eut lieu, le 13 juillet 1848, avec un succès d'autant plus décisif que la loi du veuvage était encore inconnue, même aux deux époux, qui l'adoptèrent séance tenante, par le seul effet de mon exhortation philosophique. Vous devinerez aisément que cet exemple initial émana des prolétaires, seuls assez affectueux et assez dégagés d'habitudes routinières pour oser prendre une telle initiative. Mais le second exemple compense sa moindre spontanéité par une appréciation réfléchie. Il émane de classes aisées et lettrées. L'époux est un médecin distingué de trente-un ans, et l'épouse, âgée de vingt-quatre ans, appartient à une famille très considérée, dont les principaux membres assistèrent à la cérémonie positiviste et signèrent aussi le mutuel engagement sur mon registre sacerdotal.

Je n'aurais pas attendu, Monsieur, votre seconde lettre, pour vous écrire de nouveau, si j'avais pu, comme je le désirais vivement, lire votre *Solution des principaux problèmes qui agitent notre siècle*. Mais il a été impossible de se la procurer à l'adresse que vous m'indiquiez, ni nulle autre part. On m'a partout déclaré n'avoir aucune connaissance d'une telle publication. Je vous prie donc de vouloir bien m'en adresser directement un exemplaire par la première voie favorable. Quoique mon hygiène cérébrale m'interdise habituellement toute autre lecture que celle des grands poètes occidentaux, je vous ai déjà promis une exception spéciale pour ce travail. Malgré ma répugnance systématique envers les diverses doctrines économiques, je vous prie aussi de joindre à cet envoi les travaux dont vous me parlez sur ce sujet. A mon défaut, l'un de mes jeunes disciples aussi éminent d'esprit que de cœur, les examinera consciencieusement, de manière à me procurer d'exactes notions sur la manière de voir qui vous est propre.

Le temps n'est pas encore venu, Monsieur, de réaliser ici, ni probablement ailleurs, votre heureux projet relatif à la popularisation des principes positivistes. Il ne deviendra mûr que lorsque nous pourrons établir le théâtre occidental, dont j'ai proposé la fondation publique, pour assigner un jour par semaine à chacune des cinq grandes littératures, dramatiques ou musicales, dout s'honore l'Occident. Ces représentations, exclusivement consacrées à de vrais chefs-d'œuvre éprouvés, seraient destinées par moitié à un auditoire gratuit, composé de prolétaires inscrits, l'autre moitié à des auditeurs payant leur place dans la forme ordinaire. Quand on pourra réaliser une institution aussi propre à rapprocher entre elles les diverses langues et mœurs occidentales, il existera sans doute assez de vraie liberté pour permettre de prononcer à un tel auditoire les utiles discours que vous me recommandez. Mais je crains beaucoup qu'ils ne deviennent point praticables avant cette époque, d'ailleurs plus prochaine qu'on ne le pense. En général, le positivisme vient procurer à la seconde partie de la grande révolution une marche réfléchie que ne comportait pas la première, faute d'une théorie convenable sur le cours naturel des événements. Nous devons donc tout régler d'avance, autant que possible, afin de n'être jamais pris au dépourvu, sauf toute affectation puérile ou déplacée.

En achevant cette longue lettre, je dois vous rendre

compte de l'heureuse commission dont vous me char-
giez pour M. Littré. Cet éminent collègue me prie de
vous témoigner la gratitude que lui inspire cette gra-
cieuse sympathie, où il voit à la fois la meilleure
récompense et le plus puissant encouragement de ses
consciencieux travaux.

Salut et fraternité.

AUGUSTE COMTE.

(10, *rue Monsieur-le-Prince*).

III

A Monsieur **BENEDETTO PROFUMO**, *à Gênes.*

Paris, le 22 Bichat 62
(24 décembre 1850).

Monsieur,

J'ai regretté d'apprendre, par votre dernière lettre,
que, malgré des assurances spéciales, vous n'aviez
pas reçu le paquet d'opuscules positivistes que j'avais
adressé pour vous à un libraire de Nice (M. Hippolyte
Paulet). En attendant que ce dérangement s'explique,
je l'ai réparé de mon mieux, en vous envoyant samedi
un second paquet identique, par l'intermédiaire d'un
ami, domicilié à Marseille, qui en chargera un employé
de l'un des paquebots méditerranéens. Si le premier
envoi vous parvient enfin, je pense que vous ne serez
pas embarrassé de donner convenablement tous ces
exemplaires.

Votre approbation du drapeau occidental m'est très précieuse, mais je regrette que vous n'ayez pas senti la haute importance morale et philosophique du *veuvage éternel*, qui caractérise le mariage positiviste. C'est là le dernier complément de la monogamie occidentale, qui sans cela reste insuffisante et même précaire. Tous ceux qui ont apprécié la femme autrement que comme instrument de plaisir, savent bien que la mort, loin d'éteindre son influence morale sur l'homme, la développe et la consolide en l'épurant et l'anoblissant. Quand l'humanité renonce irrévocablement à toute chimère théologique, elle a besoin de donner tout l'essor possible à la vie subjective, dont les saines et profondes émotions peuvent seules procurer une digne compensation des puériles espérances surnaturelles. J'espère donc que, par un examen mieux approfondi, vous sentirez que cette institution n'est point le résultat d'une préoccupation isolée ni excentrique, mais qu'elle tient profondément au système général du positivisme, trop difficile et trop nouveau pour que vous l'ayez compris assez. Au reste, l'expérience, quoique très restreinte jusqu'ici, confirme déjà l'efficacité de cet engagement volontaire. Le premier couple positiviste, uni depuis juillet 1848, m'a fréquemment remercié du surcroît de sécurité et d'intimité ainsi apporté au lien conjugal ; je suis persuadé que le second couple sentira de même.

Salut et fraternité.

Auguste Comte.

(10, rue Monsieur-le-Prince).

P.-S. — Votre lettre contenait, en effet, la carte du libraire que vous m'aviez déjà nommé ; mais je n'en puis faire aucun usage, l'adresse s'y trouvant entièrement effacée. Je vous prie donc de nouveau d'employer un autre moyen pour me procurer un exemplaire de votre opuscule, vainement cherché d'ailleurs dans cette librairie.

IV

A *Monsieur* BENEDETTO PROFUMO.

Paris, le 7 Aristote 63
(Mardi 4 mars 1851).

Monsieur,

L'heureux expédient que vous m'avez fourni vient de me procurer une vive et éminente satisfaction. Sous votre recommandation, je me suis présenté ce matin chez Mme Petit, avec la lettre reçue avant-hier. Votre ancienne hôtesse, quoique ne me connaissant en aucune manière, a bien voulu me prêter son unique exemplaire de votre précieux opuscule. Pour reconnaître sa confiante gracieuseté, je compte, en le lui renvoyant après-demain, y joindre un exemplaire de mon *Discours sur l'ensemble du positivisme*, avec la troisième édition, toute récente du *Calendrier positiviste :* une dame qui a goûté votre opuscule, doit, ce me semble, être bien disposée pour cette double lecture.

En tous cas, son procédé mérite bien ce petit cadeau.

Avant de vous répondre, je tenais à lire l'écrit que j'attendais depuis si longtemps, et je viens de me procurer ce plaisir. Je ne crois pas que jamais opuscule m'ait autant frappé, soit pour la vigueur et la netteté des vues, soit pour la franchise et l'élévation des sentiments. Vous avez eu pleinement raison de m'annoncer, dès votre première lettre, la conformité spontanée de votre manière de penser et de sentir avec celle qui, depuis trente ans, caractérisait, à votre insu, l'ensemble de mes travaux. Cette concordance dépasse, en effet, tout ce que j'avais rencontré jusqu'ici. Elle offre une puissante confirmation de la profonde opportunité d'une doctrine qui a pu ainsi germer à la fois, sous des formes distinctes mais convergentes, chez deux penseurs aussi étrangers l'un à l'autre. J'y vois d'ailleurs une preuve décisive du rang que j'ai sociologiquement assigné à l'Italie dans l'avènement de la régénération occidentale. La circonspection propre aux penseurs italiens ne m'avait pas empêché de sentir, malgré les apparences contraires, combien est réellement avancée aujourd'hui la postérité de Dante, de saint Thomas d'Aquin, de Vico et de Lagrange. Mais votre opuscule suffirait pour constater la réalité de mon jugement théorique.

Cette lecture m'a tellement impressionné que, au lieu de rendre la brochure demain, comme je l'ai promis ce matin à Mme Petit, je prendrai la liberté de ne la lui renvoyer qu'après-demain, afin de pouvoir la lire intégralement à la Société positiviste, dans notre réunion hebdomadaire du mercredi soir. Je suis bien

certain que mes confrères me remercieront de leur
faire employer ainsi trois quarts d'heure. Mes meilleurs éloges ne pourraient, sans cela, leur donner une
assez juste idée de la précieuse acquisition que le positivisme a faite en vous, et dont la consistance leur
sera aussi démontrée ainsi. Quand ils rapprocheront
le mérite éminent d'un tel essai et la modeste simplicité de votre adhésion actuelle à la religion de l'Humanité, ils sentiront en outre, comme moi, que la supériorité morale d'un pareil disciple, ou plutôt frère,
est au niveau de sa valeur intellectuelle. Nous serons
ainsi préparés, de part et d'autre, à la prochaine entrevue personnelle que vous voulez bien m'annoncer, et
qui achèvera de consolider cette vraie fraternité.

Une semblable lecture m'explique aisément votre
prompte rectification du jugement trop précipité que
vous aviez d'abord porté sur le *veuvage éternel*. Vous
sentez maintenant que cette institution deviendra bientôt l'un des caractères les plus usuels de la nouvelle
religion, qui, reposant surtout sur le développement
de la vie subjective, par le culte de tous les bons souvenirs, suppose la consécration prépondérante de ceux
qui ont dû laisser les plus profondes traces. Si ceux-ci
étaient dédaignés, comment les autres pourraient-ils
prévaloir ? Le positivisme se distingue ainsi spécialement du catholicisme qui ne réprouva jamais les se-
condes noces qu'en vue de la pureté, sans s'occuper
aucunement de la tendresse. Même l'incomparable
saint Paul ne put concevoir le mariage que comme
une infirmité charnelle indispensable à la conservation de notre espèce. Le positivisme seul lui procure

sa vraie dignité, comme principale garantie du mutuel perfectionnement des cœurs. Or, un tel office n'est aucunement supprimé par la mort, qui le rend, au contraire, plus imposant, plus complet, et plus stable. Chacun peut avoir ainsi sa Béatrice, qui au lieu de lui servir de cicerone dans une excursion chimérique, servira de guide secret et d'intime consolateur à son existence réelle, encore plus que pendant la vie objective.

La pleine certitude d'être compris et goûté me disposera maintenant à vous initier, par anticipation, aux progrès inédits que mes deux derniers cours m'ont déjà conduit à introduire dans la religion de l'Humanité. Comme je suis de plus en plus convaincu que l'initiative française doit aujourd'hui s'appuyer principalement sur le libre concours des Italiens et des Espagnols, sans compter beaucoup sur les Allemands et les Anglais, je dois mettre une haute importance à des communications qui, d'après la lecture de votre opuscule, s'adressent maintenant au plus éminent adepte du positivisme en Italie.

Je vous indiquerai d'abord l'organisation du culte privé de la femme, conçue comme le véritable *ange gardien* de l'homme. Cette intime adoration se systématise d'après trois types fondamentaux, d'abord la mère, puis l'épouse et enfin la fille. Ils correspondent aux trois modes de solidarité, vénération de l'être supérieur, attachement à l'égal, et bonté envers l'inférieur, comme aussi aux trois sortes de continuité, avec le passé, le présent et l'avenir. A chacun de ces types principaux se joignent beaucoup d'autres types secondaires qui forment la transition graduelle du culte privé au culte public, quand ces trois ordres de relations s'étendent jusqu'à embrasser respectivement le maître, le compagnon, et le disciple.

Mais la connexité normale de ces deux cultes se trouve spécialement systématisée par mon institution fondamentale des *neuf* sacrements sociaux, destinés à consacrer successivement les diverses phases naturelles de l'existence privée en les liant convenablement à la vie publique. Leur ensemble constitue le développement religieux de la notion qui représente la vie objective de chacun comme destinée à mériter peu à peu son incorporation finale à la vie subjective de l'Humanité.

Nous instituons aussi, sous le nom de *présentation*, un premier sacrement social dignement imité du baptême catholique, pour présenter au prêtre de l'Humanité chaque serviteur naissant, convenablement assisté de ses parents et parrains. Cette présentation ne pourrait être refusée que dans des cas trop exceptionnels pour être prévus, d'après l'heureuse aptitude de la civilisation moderne à utiliser presque tout ce qui naît.

A l'âge de la puberté, le présenté reçoit le sacrement de *l'initiation*, quand il passe de la simple éducation domestique à l'instruction systématiquement publique, sans cesser de vivre dans la famille, comme l'explique mon *Discours* de 1848.

Le troisième sacrement consiste dans *l'admission*, à vingt et un ans, lorsqu'une suffisante éducation a rendu le nouvel être apte à servir enfin l'Humanité, qui jusqu'alors lui a tout donné sans rien recevoir.

Il pourrait être refusé ou retardé en cas d'indignité.

Après cette aptitude générale, il faut encore apprécier l'aptitude spéciale envers une profession librement choisie pendant sept ans d'efforts spontanés. Vient donc, à vingt-huit ans, le sacrement de la *destination*, qui n'existait, dans le catholicisme, qu'envers les rois et les prêtres. Le positivisme traitant moralement tous les citoyens comme des fonctionnaires doit étendre à toutes les professions quelconques cette consécration-solennelle de la carrière adoptée pour chaque serviteur de l'Humanité.

Le cinquième sacrement est celui du *mariage* qui vous est assez connu. Il forme ainsi, de vingt-huit ans à trente-cinq d'ordinaire, le milieu de la série des consécrations sociales, comme étant à tous égards la principale de toutes.

Ainsi complété moralement, le serviteur du Grand-Être développe d'abord sa pleine valeur dans les carrières privées. Il reçoit, à quarante-deux ans, le sacrement de la *maturité* qui le rend apte aux plus hautes fonctions publiques, dont il a pu seulement occuper auparavant les grades inférieurs. Dans l'ordre spirituel surtout, on devient *vicaire* à trente-cinq ans, mais on n'est consacré *prêtre* ou *philosophe* qu'à quarante-deux ans.

Ce sacrement ouvre une période de vingt-un ans, qui constitue la principale épreuve de *l'enfant* de l'Humanité, devenu alors pleinement *serviteur* avec toutes ses forces naturelles et acquises, afin de mériter un jour d'être honoré éternellement comme *organe* proprement dit. A soixante-trois ans, le septième sacrement vient solenniser la *retraite*, accompagnée du libre testament public. Nous rétablissons l'entière faculté de tester, en supprimant l'égalité révolutionnaire des partages, comme l'ont déjà demandé quelques économistes avancés. Mais nous exigeons que le testament soit lu dans le temple de l'Humanité, afin que le sacerdoce et le public puissent l'examiner à loisir, jusqu'à la mort du testateur, auquel seul appartient toujours toute la décision des modifications convenables. Le régime positiviste est un régime de confiance, complété par la responsabilité morale.

Le huitième sacrement positiviste, sous le nom de *transformation*, remplace l'odieuse extrême-onction des catholiques. Anticipant sur le jugement final, le prêtre apprécie l'ensemble de la carrière objective, et annonce, s'il y a lieu, l'avènement subjectif.

Celui-ci est prononcé, sept ans après la mort proprement dite, dans le neuvième et dernier sacrement. Par ce *jugement*, que la sociocratie s'honorera d'emprunter aux plus antiques théocraties, le serviteur obtient enfin son irrévocable incorporation au vrai Grand-Être. Jusqu'alors inhumé au cimetière municipal, il est solennellement transporté dans le bois sacré qui entoure le temple de l'Humanité. Sa tombe définitive y est, selon les cas, honorée d'une simple inscription, ou d'un buste, ou d'une statue. La réprobation exceptionnelle serait caractérisée en transportant le corps dans le champ réservé aux suppliciés et aux suicidés.

Telle est la série des sacrements positivistes dont

cette sommaire indication vous montre assez la supériorité sur l'institution catholique. Nous sommes donc déjà en mesure de remplacer le catholicisme sous tous les aspects moraux et sociaux. Cette substitution décisive s'est même accomplie dans quelques cas, puisque, pendant l'année 1850, j'ai solennellement conféré, comme prêtre de l'Humanité, au milieu d'un digne auditoire des deux sexes, le sacrement de la *présentation*, celui du *mariage*, et même celui du *jugement* sur la tombe de Blainville.

Salut et fraternité.

AUGUSTE COMTE.

(10, *rue Monsieur-le-Prince*).

V

A Monsieur **BENEDETTO PROFUMO,** *à Gênes*.

Paris, le 10 Aristote 63.
(Vendredi 7 mars 1851).

Monsieur,

Malgré ma longue lettre de mardi, je reprends la plume avec satisfaction pour vous indiquer le résultat de la lecture que j'ai faite avant-hier de votre éminent opuscule devant la Société positiviste. Tous mes confrères y ont partagé la profonde impression que venait de produire sur moi-même une si parfaite convergence

entre vos aperçus spontanés et les vues systématiques
que j'élabore depuis trente ans. Ce n'est pas seulement
chez M. Littré, ni chez les autres membres théoriciens,
que la haute valeur d'un tel essai a été dignement appréciée. Je puis vous assurer que ceux de nos frères
qui sont ouvriers et parmi lesquels il se trouve un
homme vraiment supérieur, en ont encore été plus
vivement frappés. C'est par eux, surtout, que je suis
chargé de vous témoigner, avec leur juste admiration,
le désir de posséder quelques exemplaires d'un écrit
qu'ils voudraient pouvoir communiquer le plus prochainement possible. En un mot, cette heureuse lecture a produit un sentiment unanime de la consistance
nouvelle procurée au positivisme par une acquisition
aussi capitale, qui nous fait maintenant regarder
comme accomplie la fondation décisive d'un puissant
foyer positiviste chez la population occidentale où
nous la désirions le plus vivement.

Avant de rendre ce précieux exemplaire, j'ai voulu,
hier matin, relire spécialement l'introduction et le
premier chapitre. Cette lecture finale a fortifié encore
l'admiration que je me suis plu à vous témoigner
mardi. Je n'ai certainement rencontré jamais une pareille concordance dans les vues principales. On conçoit
aussi la plénitude et la rapidité de votre adhésion au
positivisme, qui vous offre l'entière systématisation
des pensées et des sentiments dont vos méditations
spontanées vous avaient déjà rapproché plus que personne. Nous pouvons surtout y puiser une nouvelle
confiance dans le prochain ascendant d'une doctrine
assez réelle et assez opportune pour inspirer de telles

convergences. Cette précieuse conformité m'a rappelé la juste remarque de M. Littré, dans son opuscule de l'an dernier, quand il avance que, à défaut de moi, le positivisme eût été certainement découvert par quelque autre penseur.

D'après les informations que je viens de recevoir en renvoyant cet opuscule, vous êtes, comme je l'avais présumé, d'un âge à nous faire espérer une longue et active coopération dans la fondation de la religion de l'Humanité. Appelé à devenir l'un de ses principaux apôtres, vous devez donc remplir désormais les conditions systématiques sans lesquelles votre rare mérite ne pourrait assez fructifier. Fier d'être librement choisi et dignement avoué par vous comme votre chef spirituel, je dois vous recommander les études scientifiques que votre âge comporte aisément, suivant l'esprit et la marche encyclopédiques que vous offre le positivisme. Je serai toujours heureux de vous y seconder par mes conseils quand vous aurez convenablement pris cette résolution décisive. Un Italien n'a pas besoin, j'espère, qu'on lui recommande aussi la culture esthétique. L'aptitude éminemment poétique du positivisme doit vous avoir déjà frappé, ainsi que la dignité fondamentale qu'il procure aux beaux-arts. Mais je dois surtout vous engager à régulariser en vous la culture familière du cœur d'après l'institution générale des *anges gardiens* indiquée dans ma lettre de mardi. C'est la seule partie du nouveau culte que la situation actuelle nous permette de développer immédiatement. Mais une telle adoration de la femme, déjà pratiquée par plusieurs jeunes positivistes, est au pouvoir de chacun de nous qui doit y puiser une source journalière de bonheur intime et surtout de digne préparation sociale. En me citant pour exemple, je puis vous confier que, depuis cinq ans, je commence chaque journée en invoquant pendant une heure, par de saintes prières, la mémoire chérie et celles qui méritent de s'y joindre. Pour un vrai positiviste, prier c'est à la fois penser et aimer et même agir, si l'effusion devient orale. Toutefois, il faut écarter scrupuleusement les émotions factices qui tendent à étouffer d'avance les vrais sentiments. Si donc, vous n'aviez pas encore de digne sujet d'adoration féminine, il faudrait attendre. Mais j'espère que, dans l'un des trois types principaux que je vous ai indiqués, ou dans quelqu'un des types secondaires qu'ils comportent, votre cœur se trouve déjà pourvu spontanément.

La lecture d'avant-hier a renouvelé mes regrets et ceux de tous nos confrères sur les entraves inattendues qui ont jusqu'ici empêché deux fois mes envois positivistes de parvenir jusqu'à vous. Ces opuscules étant tous relatifs à l'ensemble des mesures qu'exige la transition actuelle, ils devaient combler une grave lacune que doit encore vous sembler laisser la nouvelle doctrine universelle. Sans attendre même l'heureuse visite que vous m'annoncez, je tenterai donc un troisième effort pour vous procurer, le plus prochainement possible, une communication aussi importante, à laquelle vous êtes si bien disposé. Je me borne aujourd'hui à accompagner cette lettre de deux exemplaires de mon *Tableau cérébral,* qui a paru hier. C'est un extrait anticipé d'un volume que j'ai terminé depuis plus d'un an,

et qui reste encore manuscrit par la stupide circonspection de nos libraires parisiens, malgré tous les sa-
crifices que j'ai faits pour réduire strictement les frais
de sa publication aux simples dépenses typographiques.
En voyant prolonger ce funeste retard, je me suis décidé à publier préalablement un tableau qui peut déjà
mettre les penseurs bien préparés sur la voie de la vraie
théorie de la nature humaine, principale base de la
religion démontrée.

Salut et fraternité.

AUGUSTE COMTE.

(*10, rue Monsieur-le-Prince*).

VI

A Monsieur BENEDETTO PROFUMO, *à Gênes.*

Paris, le lundi 27 Aristote 63.
(24 mars 1851).

Monsieur,

Les précieuses informations contenues dans votre
lettre du 12 mars ont encore augmenté l'estime et
l'admiration que m'inspira récemment la lecture de
votre éminent opuscule. Votre défaut total de culture
théorique fait mieux ressortir le génie spontané dont
j'ai trouvé les germes irrécusables dans les quatre ou
cinq premières pages de cet incomparable essai. En même
temps l'ensemble de votre caractère moral m'apparaît
ainsi sous un jour aussi favorable que votre talent. Il

est impossible de ne pas se sentir profondément touché par votre naïf dévouement et votre sincère modestie.

Parmi les renseignements que m'avait donnés votre ancienne hôtesse, je ne vois à rectifier, d'après votre lettre, qu'un seul fait important, qui a influé sur les conseils contenus dans ma longue lettre du 4 mars. C'est en ce qui concerne votre âge actuel. Ne vous supposant ainsi que trente-deux ans, j'ai dû vous inviter aussitôt aux études systématiques, capables de mettre encore en pleine valeur la haute aptitude théorique dont vous m'avez fourni d'éclatants indices. Mais, puisque vous avez réellement dix ans de plus aujourd'hui, ce conseil manque d'opportunité, comme vous l'avez senti. Toutefois, il peut subsister en changeant seulement sa destination. A quarante-deux ans, vous devez, en effet, renoncer à devenir un éminent *théoricien*, comme vous y eussiez été certainement appelé dix ans plus tôt. Mais, en perdant cet espoir, le positivisme gagne en vous la possibilité de posséder bientôt un *praticien* du premier ordre. Or, ce genre de coopérateurs est jusqu'ici plus rare que l'autre, quoiqu'il ait besoin d'organes plus nombreux. Le plus éminent de nos nouveaux *hommes d'État* proprement dits, est maintenant l'admirable prolétaire auquel nous devons le premier opuscule publié par la Société positiviste, le lumineux *Rapport sur le travail*. Or, votre mérite social me semble fort analogue au sien, avec plus d'élévation encore, quoique avec une moindre précision. Si donc votre âge vous interdit de fournir au positivisme un vrai *philosophe* de plus, vous pouvez et devez offrir à l'Occident, à l'Italie, un véritable *homme d'État,* dont nous manquons encore davantage.

Félicitez-vous, Monsieur, de n'avoir étudié ni grammaire, ni même, j'espère, la logique. Votre heureuse ignorance rend plus merveilleuse la netteté et la vigueur des aperçus de votre inappréciable opuscule. Car, votre raison a ainsi conservé sa rectitude spontanée, sans devoir combattre les vicieuses habitudes d'une absurde éducation classique. Soyez sûr aussi que votre moralité s'est ainsi conservée plus pure et plus énergique. La spontanéité de vos sympathies populaires n'a jamais été altérée par une dangereuse habileté à exprimer ce qu'on ne sent pas, qui constitue ordinairement le seul résultat durable de l'éducation actuelle. Relevez-vous donc, noble et éminent prolétaire ; croyez que l'éducation que vous vous êtes procurée par vos propres méditations sur la vie réelle surpasse beaucoup la culture sophistique et immorale dont s'enorgueillissent les littérateurs et même les savants. Vous n'avez un peu étudié que ce qu'on appelle l'*économie politique.* C'est ce qu'il y a de moins vicieux dans l'ensemble de la métaphysique moderne. Les erreurs et les préjugés que cette étude vous a probablement laissés ou inculqués ne tarderont pas à se dissiper d'eux-mêmes par vos propres méditations positivistes. A mesure que vous connaîtrez la véritable science sociale, votre excellent esprit vous fera sentir le vide radical de la prétendue science des économistes. Je n'ai là-dessus aucune inquiétude, sans avoir peut-être jamais besoin de vous donner des indications spéciales à ce sujet.

En insistant désormais sur la destination pratique qui convient à votre âge et à l'ensemble de votre situation, je dois pourtant vous recommander toujours les études scientifiques capables de consolider et de développer, en la régularisant, la profonde positivité que vous tenez de votre organisation. Seulement, ces études doivent être moins systématiques, et surtout n'avoir en vue que votre propre usage intérieur, sans prétendre à aucune manifestation extérieure. D'après le plan fondamental de l'éducation positiviste contenue dans mon *Discours* de 1848, vous savez que les études théoriques du philosophe et celles du prolétaire sont primitivement identiques, quoique ensuite l'un développe davantage leur coordination et l'autre leur application. Cette pleine communauté d'initiation est réellement conforme à la similitude essentielle des aptitudes. Le praticien et le théoricien éminents ne diffèrent que par l'emploi qu'ils font des mêmes facultés. C'est dans cet exercice, abstrait et général pour l'un, concret et spécial pour l'autre, que consiste l'incompatibilité réelle entre la carrière théorique et la carrière pratique, sans que les génies correspondants offrent naturellement aucun contraste essentiel.

Je persiste donc à vous recommander, quoique dans une autre intention, les études scientifiques les plus indispensables. Lisez d'abord la *Géométrie de Clairaut*, que vous pourrez parcourir d'ensemble en quelques heures, pour l'étudier ensuite à loisir en détail. C'était, à quatorze ans, la lecture favorite de la célèbre Mme Roland. J'espère qu'elle deviendra la vôtre à un âge triple du sien. Mais il importe de ne pas remplacer cet admirable traité par un autre que vous croiriez équivalent et qui vous inspirerait peut-être le dégoût de la géométrie, au lieu de développer votre esprit positiviste. Si vous trouvez quelque difficulté à vous procurer ce petit ouvrage, attendez une occasion favorable. Je me chargerais de vous faire parvenir Clairaut au besoin, si les moyens de transport le permettent. En même temps que cette lecture, commencez celle de Bichat, par son petit traité sur la vie. Quoiqu'il renferme de graves erreurs, surtout quant au siège des passions, il vous ouvrira l'esprit biologique, et c'est ici l'essentiel. Plus tard je vous indiquerai d'autres lectures à cet égard. Mais il faut, avant tout, vous approprier cet admirable essai, aussi court que le traité de Clairaut et plus intéressant quoique moins net. Ces deux livres doivent se lire, par un homme tel que vous, avec autant d'avidité que Manzoni ou Walter Scott. Vous pouvez encore lire en même temps, dans leur ordre d'idées scientifiques intermédiaires entre la géométrie et la biologie, mon petit *Traité d'Astronomie populaire,* publié en 1843. En un mois vous aurez pu lire avec fruit ces trois ouvrages, sur lesquels vous méditerez ensuite plus lentement.

Pour corriger la sécheresse morale trop inhérente encore à nos meilleures cultures théoriques, je vous recommande aussi la lecture journalière de l'*Imitation de J.-C.* Ceux qui ne savent pas le latin, et même ceux qui le savent, doivent lire la belle traduction en vers faite par notre grand Corneille. Depuis plusieurs années, je lis chaque matin un chapitre de cette double lecture, et j'y trouve toujours de nouveaux charmes. C'est le seul poème qui existe encore sur la nature morale de l'homme, et qui tende à diriger la culture du cœur. Sans partager aucunement les croyances de l'auteur, on peut utiliser beaucoup cette incomparable composition. Un empereur musulman en faisait ses délices. Comment un vrai positiviste ne la goûterait-il pas ? J'y trouve même un intérêt spécial, que vous pouvez aussi vous procurer, en refaisant mentalement l'ouvrage, à mesure que je le lis, par la substitution de l'Humanité à la place de Dieu. Cette substitution, presque toujours possible, fait mieux ressortir le fond moral, en écartant la forme théologique, dont on voit ainsi l'imperfection sentimentale.

Je passe sans transition au conseil spécial que vous me demandez sur votre projet de carrière théâtrale. Très touché de votre naïve confiance, que j'accueillerai toujours avec amour, je dois y répondre par une pleine loyauté philosophique, sans jamais craindre de choquer vos goûts actuels. C'est pourquoi je n'hésite point à vous détourner entièrement d'un tel projet, comme indigne de vous, et incapable de réaliser vos vues. La profession de comédien est partout en décadence, et cela ne peut qu'augmenter rapidement. A mesure que les hommes lisent et causent davantage, ils ont moins besoin de théâtre, excepté pour la musique, à laquelle se borneront bientôt les entreprises théâtrales. En outre, votre âge est évidemment trop avancé pour comporter aucun succès lucratif dans cette carrière, surtout envers les rôles bouffons. Votre sort matériel y serait encore pire probablement, soit par la modicité du salaire, soit quant à la situation précaire, que dans votre petite industrie actuelle. Je vous engage donc beaucoup à vous contenter provisoirement de votre fabrication. En y attachant plus d'importance, elle vous sera moins déplaisante, et vous y réussirez mieux, parce que vous la soignerez davantage. La propagande positiviste peut très bien s'y joindre et offrir à vos nobles talents une heureuse destination sociale, sans vous détourner de l'utile métier que vous exercez. C'est ce que font déjà plusieurs ouvriers, mécaniciens, menuisiers, tailleurs, etc., qui s'occupent très activement du positivisme, et qui pourtant ne négligent pas leurs professions respectives : tel sera surtout l'état normal de la société régénérée. J'ignore encore si vous avez des liens domestiques, femme, enfants, etc. ; si cela est, voilà de puissantes ressources pour le bonheur, en même temps que de nobles devoirs qui doivent encore vous attacher davantage à une profession régulière.

Dans un prochain avenir, j'espère proposer à votre puissante coopération positiviste une destination plus spéciale et plus continue. Nous avons tenté, il y a trois ans, M. Littré et moi, de fonder la *Revue Occidentale,* pour appliquer la philosophie positive au cours naturel des événements. Ce précieux organe hebdomadaire est maintenant la seule lacune grave que présente la systématisation croissante de notre action sur l'esprit public. Je suis déjà pourvu d'un nombre suffisant de dignes collaborateurs, soit en France, soit parmi les quatre autres populations occidentales. Mais il nous manque encore les garanties matérielles sans lesquelles je ne dois pas commencer cette entreprise décisive, où aspirant à refaire l'éducation du public occidental, je ne veux pas dépendre matériellement de lui, au moins pendant trois années d'essai. Mais le positivisme étant en pleine croissance, et la situation générale y poussant de plus en plus, cette dernière condition ne peut guère tarder à s'accomplir. Elle serait déjà réalisée sans la secrète malveillance du parti *rouge* auquel nous venons enlever la confiance du peuple. Or, quand elle se trouvera remplie, je compterai sur vous comme principal collaborateur pour l'Italie. Alors votre action positiviste deviendra plus directe et plus complète, tout en gardant votre profession.

Mais avant cela, vous pouvez continuer à propager dignement la nouvelle doctrine universelle. C'est à vous, comme prolétaire et comme homme de génie naturel à débusquer spécialement les Mazzini et consorts, les orgueilleux lettrés qui, en Italie aussi bien qu'en France, constituent le principal obstacle réel à la terminaison organique de la révolution occidentale. A leur métaphysique subversive et creuse, ne craignez pas d'opposer de plus en plus la science réelle qui concilie radicalement l'ordre et le progrès au nom de l'Humanité remplaçant leur Dieu.

Salut et fraternité.

AUGUSTE COMTE.

(*10, rue Monsieur-le-Prince*).

, P.-S. — Puisque mon envoi par Marseille a heureusement réussi, je vais aujourd'hui vous adresser ainsi six exemplaires de la *troisième* édition du *Calendrier positiviste*. J'y joins *quatre* exemplaires de la double circulaire initiale par laquelle je fondais, il y a trois ans, la Société positiviste. Quand vous désirerez de nouveaux exemplaires de nos opuscules quelconques, je vous en enverrai, par la même voie, autant qu'il le faudra.

VII

A Monsieur BENEDETTO PROFUMO, à Gênes.

Paris, le 24 Dante 63
(Vendredi soir 8 août 1851).

Monsieur,

Votre bonne lettre de lundi m'a procuré ce matin une double satisfaction, d'après la noble confiance que vous m'y témoignez si cordialement, et par l'heureux espoir que vous m'y donnez de votre prochaine visite. Cette fraternelle entrevue me permettra, j'espère, de ranimer et de consolider votre énergie morale, soit dans nos libres causeries, soit sous le contact des éminents positivistes que je vous ferai connaître et qui attendent avec impatience l'ouverture de relations aussi précieuses. Mais, en leur nom, comme au mien, je dois d'abord vous recommander de nous apporter le plus d'exemplaires que vous pourrez de votre admirable opuscule. Si même vous pouviez auparavant m'en expédier quelques-uns, je serais charmé de les avoir le plus promptement possible. Car, j'ai déjà reçu, de plusieurs côtés, des demandes réitérées, que je me suis chargé de vous transmettre à la première occasion épistolaire.

En attendant nos entretiens personnels, où d'ailleurs je vous offrirai sincèrement toute l'assistance quelconque dont je puis disposer, je m'empresse aujourd'hui de satisfaire, de mon mieux, votre désir immédiat sur la situation occidentale et les récents progrès de l'avènement positiviste, qui, en effet, vient d'accomplir quelques nouveaux pas, depuis que j'ai écrit la préface du volume que je vous ai dernièrement envoyé.

Je dois d'abord vous indiquer mon opinion arrêtée sur la prétendue crise de l'an prochain. On s'attend à l'anarchie aiguë ; mais on n'aura qu'un simple redoublement dans notre anarchie chronique. Il consistera surtout à déprimer davantage le pouvoir central, qui est déjà si dégradé pour développer autant que possible la prépondérance, à la fois administrative et politique, de l'assemblée locale. Ce dernier essai métaphysique, quoique fort désastreux, ne peut s'éviter dans le triste état actuel de notre esprit public. Mais les projets de dictature violente conçus par les *rouges* de tout l'Occident seront bientôt avortés complètement sous l'indifférence et le mépris du peuple, aussitôt que la cessation légale du régime de compression aura spontanément supprimé la dis-

position générale qui semble les favoriser. Si nos provinces voulaient s'agiter pour les représailles des
vexations rétrogrades, le calme imposant de Paris
en arrêterait aisément l'essor. Dès lors, tout effort
de profonde commotion politique chez les autres
populations occidentales se trouvera contenu avant
de surgir, ou facilement réprimé par les gouvernements respectifs, sans aucune active sympathie
française. On sent ici que la République assure le
progrès et compromet l'ordre, au point de détourner de tout mouvement populaire, jusqu'à ce que
nos prolétaires, qui sont sérieusement à l'étude paisible et suivie des hautes questions sociales, se sentent possesseurs d'un digne programme politique,
complété par des chefs convenables, de manière à
pouvoir enfin réaliser la République. Or, jusqu'à
ce que le vrai régime républicain commence à fructifier convenablement parmi nous, tous les efforts
prématurés pour l'étendre aux autres nations occidentales manqueront de consistance, et même, au
fond, de popularité. Nous, qui avons l'initiative générale de la marche occidentale, ne pouvions remplir
notre mission directrice sans l'abolition de la royauté
et l'immédiate proclamation de la République, quoique la rénovation républicaine soit loin d'être assez
mûre ; parce qu'elle me paraît, en effet, mûrir autrement parmi nous. Mais, partout ailleurs, toute
hâtive promulgation de la République ne constituerait qu'une imitation routinière et puérile, qui troublerait la régénération occidentale au lieu de la seconder. Dans la marche commune vers l'établissement

final de la République véritable, le centre occidental avait besoin de poser le principe afin d'en développer graduellement les conséquences essentielles. Au contraire, c'est l'attrait spécial résulté de ces divers fruits effectifs qui doit amener les autres éléments du groupe d'élite à faire aussi prévaloir chez eux le même principe politique. En un mot, nous devons procéder *a priori*, et vous *a posteriori*. Quoique le résultat général doive être partout le même à la fin du dix-neuvième siècle, la marche respective doit beaucoup différer entre le centre et les bords. C'est ce que ne comprennent pas les vagues socialistes, même sincères, guère plus en France qu'en Italie ou en Allemagne. Mais la rude résistance spontanée des divers gouvernements leur apprendra empiriquement combien sont vaines les utopies dont les préserverait pleinement la saine théorie historique qui caractérise le positivisme.

Puisque vous avez déjà remarqué les affinités naissantes de la presse pour la nouvelle doctrine universelle, vous apprendrez avec plaisir que, sous l'impulsion de M. Émile de Girardin, un digne littérateur va bientôt publier dans ce journal une sérieuse série d'articles sur ce grand sujet. M. de Girardin a lui-même assisté récemment à l'une de mes séances hebdomadaires, dont il a témoigné beaucoup de satisfaction. Sa mobilité spontanée est d'ailleurs contenue ici par la secrète influence permanente d'un puissant positiviste intimement lié avec lui. D'ailleurs sa sagacité empirique et son immense ambition lui révèlent la tendance nécessaire de toute la situation occidentale vers l'avènement du positivisme, comme seul terme possible de la grande Révolution. Mais il ne faut compter sur sa coopération que pour l'éclatante publicité qu'elle nous procurera, et qui pourra compenser utilement le coupable silence de toute la presse française envers la nouvelle foi, dont l'ascendant doit également discréditer tous les partis actuels.

Un symptôme plus profond et plus décisif résulte, pour le positivisme, de l'adhésion sincère et réfléchie d'un précieux foyer américain, aussi consistant qu'étendu, qui surgit spontanément, depuis quelques années, à Philadelphie et à New-York. J'en ai eu récemment la notion spéciale et directe par l'importante visite d'un éminent citoyen de Philadelphie, qui, personnellement conduit au positivisme dans des vues d'abord scientifiques, y voit maintenant la source de la solution sociale d'après la fondation d'un véritable pouvoir spirituel, capable de concilier radicalement l'ordre et le progrès. La plénitude et la gravité de cette nouvelle adhésion résultent de son harmonie spontanée avec le fond de la situation américaine où les vrais conservateurs se sentent près d'être écrasés par de redoutables niveleurs, contre lesquels ils ne voient d'autre ressource systématique que dans la religion démontrée qui caractérise le positivisme. C'est donc ici par les riches que nous sommes surtout invoqués. La gravité de leur position, dans un milieu profondément anarchique, leur fait surmonter les préjugés britanniques, et même l'orgueil spécial que leur inspirait leur priorité républicaine. Philadelphie a les yeux fixés sur Paris, au moins autant que Madrid ou Milan, et beaucoup plus que Londres, ou même Berlin. Vous le concevrez en pensant que les divers expédients qui entretiennent une aveugle sécurité chez nos conservateurs empiriques deviennent évidemment impossibles dans un pays où il n'y a point d'armée et où les prêtres, coïncidant avec les métaphysiciens, constituent, au fond, les principaux anarchistes. Il n'y a plus là d'illusion qui permette de recourir à aucune autre protection sociale que celle d'une libre conviction ou persuasion, à laquelle sont accessibles des activités industrielles, quand la foi positive y viendra dissiper les utopies théologico-métaphysiques. Mon éminent visiteur est déjà rentré aux États-Unis, d'où il vient de m'adresser, de Philadelphie, une noble lettre que vous jugerez vraiment décisive quand je vous la communiquerai dans nos prochains entretiens personnels. Elle se termine par une demande spéciale d'explications inédites sur l'aspect religieux du positivisme. J'y ai fait aussitôt une longue réponse systématique, dont j'ai d'avance autorisé la divulgation quelconque. Ceci n'est que le début d'une sérieuse correspondance permanente, que la merveilleuse rapidité des transports actuels permet de rendre assez active.

D'après ces heureuses dispositions mutuelles, Philadelphie deviendra bientôt une sorte de faubourg de Paris, séparé par l'Atlantique au lieu de la Seine. C'est ainsi que la grande crise universelle tend spontanément à resserrer partout le faisceau occidental, dont le positivisme peut seul former le lien religieux.

Ce qu'il faut surtout noter là, c'est l'y voir la nouvelle doctrine invoquée directement au secours de l'ordre. Il n'y a pas de meilleur signe de son prochain avènement. Depuis longtemps, j'annonçais à mes confidents que le positivisme serait sérieusement invoqué pour l'ordre avant de l'être pour le progrès, qui inspire des sollicitudes moins intenses, moins précises et moins tenaces. Ils voient maintenant que cette prévision systématique commence à se réaliser dans le pays où l'ordre est, au fond, le plus compromis. La même tendance se développera pleinement en France, où, dès, l'an prochain, la défense rationnelle de l'ordre fondamental va nous échoir contre les utopistes métaphysiques. En ouvrant, au début d'avril, mon cours actuel, je l'ai formellement annoncée, par une rupture solennelle avec les *rouges* proprement dits, que j'ai signalés directement comme les principaux adversaires de la vraie révolution. La secrète sympathie que me témoigne le gouvernement, en autorisant et facilitant ce cours, ne tardera pas à se prononcer fortement, quand l'inévitable réveil des libres discussions sociales fera sentir le besoin d'une protection systématique pour les notions d'ordre, que l'assistance théologique compromet autant que la dissolution métaphysique. De pareilles dispositions ne tarderont pas à surgir aussi en Italie, en Espagne, et même en Allemagne, chez les gouvernements respectifs, en vertu des mêmes dangers et de besoins semblables. Les chefs anglais seront d'abord plus rebelles, vu la sécurité empirique qu'ils attribuent à leur régime actuel. Mais, avant dix ans, l'éveil de leurs propres prolétaires leur fera profondément sentir le mal commun, et ils invoqueront le positivisme plus vivement que ne le font aujourd'hui leurs frères d'outre-mer, parce que leur situation se trouvera réellement plus inquiétante.

En prévoyant ce prochain avenir nécessaire, les éminents positivistes doivent déjà s'habituer à concevoir la nouvelle religion comme aussi convenable aux chefs qu'aux populations, ou plutôt comme immédiatement destinée à faire surtout prévaloir, d'abord en France, puis dans tout l'Occident, les hommes vraiment nés pour commander, et que notre anarchie étouffe sous l'avènement officiel des médiocrités de tout genre. L'installation politique du positivisme doit s'accomplir tout autrement que celle du catholicisme. Celui-ci, directement impropre à la vie publique, et surgissant d'ailleurs sous un régime très puissant encore, ne put s'élever au gouvernement qu'à force de pénétrer la société. Au contraire, le positivisme, immédiatement apte à régler la sociabilité, et arrivant au milieu d'une anarchie où le pouvoir est essentiellement vaquant, ne prévaudra dans la société qu'après s'être emparé du gouvernement, tant temporel que spirituel, par la prépondérance spontanée de ses commandants pratiques et de ses conseillers théoriques. Cela surviendra quand le développement du désordre métaphysique sollicitera l'intervention des prolétaires parisiens, ralliés par le positivisme pour dissiper la vaine domination d'une assemblée perturbatrice, qui s'installera l'an prochain, sans que son règne anarchique puisse dépasser probablement la duré officielle d'une législature. Si, comme je commence à l'espérer, l'appui des Américains me permet bientôt de fonder dignement la *Revue Occidentale,* le positivisme aura, dans deux ou trois ans, assez formé l'esprit public pour que notre gouvernement révolutionnaire puisse alors remplacer essentiellement ce dernier essor politique d'une métaphysique épuisée, de manière à rassurer les riches tout en calmant les pauvres.

Salut et fraternité.

AUGUSTE COMTE.

(*10, rue Monsieur-le-Prince*).

VIII

A Monsieur **BENEDETTO PROFUMO,** *à Gênes.*

Paris, le vendredi 24 Bichat 63
(26 décembre 1851).

Mon cher Monsieur Profumo,

J'aurais plus tôt répondu à votre bonne lettre du 27 novembre, que j'ai reçue le 1er décembre, si je n'eusse attendu journellement l'envoi que vous m'y annoncez comme immédiat. Ne le voyant pas arriver, je dois vous écrire sans tarder davantage afin de prévenir ou de dissiper les inquiétudes que vous pourriez concevoir envers moi d'après la présente situation française. Si vos deux volumes et la lettre de M. Rossi me parviennent prochainement par la voie que vous m'annoncez, j'en serai quitte pour reprendre bientôt la plume sur un sujet naturellement inépuisable entre nous.

L'avènement inattendu d'une vraie dictature temporelle modifie très heureusement notre situation républicaine, et par suite l'ensemble de la situation occidentale. Cet énergique effort constitue un pas important hors de l'ornière métaphysique où se consumaient nos forces de tout genre. Sans doute, nous ne pouvons pas encore nous regarder comme irrévocablement débarrassés de la désastreuse prépondérance des assemblées politiques, aussi funestes à l'ordre que stériles pour le progrès. Cela va dépendre du caractère que prendra la nouvelle dictature, dont la tendance est encore équivoque. Mais, au pis aller, cet acte vigoureux du pouvoir central laissera des traces durables, qui déjà montrent clairement l'extrême fragilité des influences et institutions métaphysiques, dont le prestige est ainsi détruit essentiellement dans un milieu préalablement dégagé de tout fanatisme sérieux à ce sujet. Le fétichisme de la loi se trouve maintenant dissipé parmi nous, grâce à cette expérience hardie. En comparant ce nouveau 18 Brumaire à l'ancien, on apprécie nettement l'immense pas qu'un demi-siècle nous a fait accomplir hors des voies métaphysiques, dont nous devons entièrement sortir pour que la révolution puisse se terminer par la conciliation fondamentale entre l'ordre et le progrès. Si les vains parleurs ne sont pas encore discrédités suffisamment, du moins le prétendu régime constitutionnel, qui fut toujours radicalement étranger au sol français, n'y peut plus obtenir une consistance apparente, quels que soient les essais ultérieurs. La durée de trente-six ans qui lui échut depuis la chute de la dernière dictature jusqu'à l'avènement de celle qui vient de surgir formera, pour l'histoire, une époque profondément nuisible à la France et à tout l'Occident, comme ayant tendu partout à fausser les efforts, à démoraliser les cœurs, et à dégrader les caractères. Nous aurons beaucoup de peine à réparer ses ravages, à rompre les mauvaises habitudes qu'il a développées, et à nous débarrasser des déplorables personnages qu'il a fait pulluler. Mais nous voilà, j'espère, garantis du moins contre son prolongement, que la situation républicaine semblait jusqu'ici devoir aggraver, quoiqu'elle doive, au fond, nous en délivrer entièrement. La république paraissait tendre à consacrer l'omnipotence parlementaire en la délivrant de toute entrave royale.

Il n'y avait que le fondateur du positivisme qui osât représenter la situation républicaine comme tendant, au contraire, à faire prévaloir le pouvoir central, en y rendant impossible toute rétrogradation sérieuse. Voilà maintenant l'expérience qui va, j'espère, me donner raison. Il suffit pour cela que la dictature nouvelle ne soit pas vraiment rétrograde. Car, si cette condition fondamentale est assez remplie, elle durera suffisamment pour nous préserver de toute phase rouge, et nous amener paisiblement au vrai régime préparatoire que le positivisme a conçu depuis trois ans. Dans le cas contraire, nous subirions malheureusement une dernière domination métaphysique, non moins oppressive qu'anarchique, qui, sans doute, aboutirait bientôt au même résultat historique, mais après de profondes et dangereuses secousses qui ne sont plus assez inhérentes à la situation pour n'être pas évitables. Mais, quelque empirique que soit encore la force qui prévaut aujourd'hui, je compte sur les vives lumières que doit lui procurer son propre ascendant pour la préserver de toute irrévocable rétrogradation qui lui serait autant funeste qu'à nous. La dictature impériale ne fut rétrograde que d'après la base guerrière, sans laquelle la vaine restauration de l'ancien régime aristocratique et théologique eût été certainement impossible même alors. Or, aujourd'hui, tout le monde a vraiment renoncé à la guerre, sauf peut-être quelques misérables rêveurs rouges, qui ne sont pas de leur siècle. Ainsi devenue, forcément et volontairement pacifique, la dictature doit être bientôt conduite au caractère progressiste constaté partout par une franche renonciation à toute prétention spirituelle, pour se restreindre au pur domaine temporel, en laissant aux libres penseurs le soin de reconstruire l'ordre intellectuel et moral. Les difficultés croissantes que présente aujourd'hui l'indispensable maintien de la tranquillité publique vont absorber de plus en plus toute la sollicitude réelle des praticiens politiques. Ils doivent d'ailleurs sentir graduellement leur incompétence nécessaire envers l'ordre spirituel, soit d'après leur éducation évidem-

ment insuffisante, soit en vertu de leur source gros-
sièrement empirique. A vrai dire, j'ai souvent trouvé,
chez les hommes d'État proprement dits, comme dans
ma précédente entrevue avec M. Carlier, il y a deux
ans, la disposition à se borner au domaine temporel,
en renonçant à toute sérieuse prétention sur les doctrines et les mœurs, quoiqu'ils en reconnaissent l'importance. *Maintenir avec énergie l'ordre matériel et seconder sagement l'essor industriel, en respectant toujours le
mouvement spirituel :* tel est, d'après la saine théorie
historique, le seul programme politique qui convienne
à notre anarchie mentale et morale. Or, les hommes
d'État vraiment occupés m'ont paru constamment
disposés à le comprendre et à s'y renfermer. Il n'y a
que les vains parleurs d'assemblées et de journaux
qui, étrangers à tout gouvernement réel, et ne crai-
gnant d'ailleurs aucune responsabilité sérieuse, tiennent obstinément aujourd'hui à la vieille confusion
révolutionnaire entre les deux puissances spirituelle
et temporelle. Ceux-là se sentiraient démonétisés aussitôt qu'on les forcerait d'opter entre la théorie et la
pratique. Également impropres à toutes deux, ils per-
sistent à les confondre pour conserver quelque influence politique. Mais les embarras croissants de la
situation occidentale tendent maintenant à nous délivrer pour toujours de cette race perturbatrice, à
laquelle on vient de porter ici un coup décisif,
quoique encore insuffisant. En même temps la nouvelle dictature ne tardera point à sentir combien
elle est profondément solidaire avec le principe républicain, seule source désormais possible d'un véritable

ascendant soutenu chez le pouvoir central. Aucun monarque, impérial ou royal, n'aurait pu accomplir impunément, ni dès lors tenter avec audace, le coup énergique qui vient d'être frappé ici, et dont, quoi qu'en disent les rouges, la population a été vraiment satisfaite, malgré des accompagnements oppressifs et même quelques atrocités accessoires. Le sentiment habituel d'une telle connexité attachera de plus en plus la dictature naissante à la situation républicaine, quelles qu'aient pu être d'abord les antipathies personnelles, dont l'histoire s'occupera peu. Si cette liaison n'est point assez comprise et respectée, la dictature ne subsistera pas, au grand détriment de tous. Nous voilà donc placés ainsi dans cette alternative politique : ou subir bientôt un *gouvernement* rouge, plus violent que ne l'eût amené le cours *légal* de la situation avant la crise dictatoriale ; ou éviter entièrement cette déplorable phase anarchique, de manière à constituer mieux et plus vite le vrai régime préparatoire qui peut seul présider à la digne terminaison de la grande révolution occidentale. Laquelle de ces deux éventualités opposées doit paraître la plus vraisemblable aujourd'hui ? C'est ce que vont décider les prochaines mesures, vicieuses ou raisonnables, de la dictature actuelle.

D'après ces sommaires explications, vous sentirez aisément combien une telle crise favorise nécessairement l'évolution spontanée du positivisme. Aucune autre doctrine ne peut à la fois tenir tête à la rétrogradation au nom de l'ordre et à l'anarchie au nom du progrès. Les sophismes constitutionnels étant écartés et les parleurs contenus, tous les bons esprits commencent déjà à mieux envisager la réalité de la situation, et ils sont d'ailleurs disposés davantage à écouter les véritables penseurs. Il suffit que la dictature n'entrave point essentiellement l'exposition, qu'il ne faut pas confondre avec la discussion. Or, la compression temporaire qui vient de surgir à ce sujet, d'après les exigences de la répression matérielle, ne saurait gravement persister malgré l'empirisme qui l'inspira, car elle est directement contraire à nos mœurs. La construction étant de plus en plus à l'ordre du jour, tous ceux qui, n'étant pas purement négatifs, ont vraiment à proposer quelques solutions, seront certainement encouragés, ou du moins tolérés, et dès lors mieux écoutés que quand l'agitation métaphysique détournait le public de tout examen sérieux. En même temps, les hommes d'État, absorbés par la répression de l'anarchie matérielle qui va se développer graduellement, sentiront à la fois combien serait précieuse la reconstruction de l'ordre spirituel et combien elle dépasse la portée de leurs propres forces, supposées même parvenues au taux le plus exorbitant. Dès lors, ils comprendront le mérite immédiat de la seule doctrine qui puisse aujourd'hui convertir solidement les révolutionnaires, en transformant nos dangereux *démocrates* en paisibles et religieux sociocrates, aussi disposés à conserver l'ordre qu'à seconder le progrès. Les illusions métaphysiques de la fantasmagorie constitutionnelle pouvaient seules empêcher les praticiens de sentir assez l'importance d'un tel concours. En même temps, les vrais philosophes écartant les derniers vestiges du vieil esprit révolutionnaire, se rapprocheront davantage d'une autorité énergique, qui, en maintenant la tranquillité publique, peut seule procurer un véritable auditoire par la compression des jongleurs et des rêveurs. Au fond, j'ai toujours regardé et traité les métaphysiciens comme les principaux ennemis actuels du positivisme, ainsi attiré vers le pouvoir central par de communes antipathies, aussi bien que par une vraie communauté de but, malgré l'inévitable diversité des moyens et l'indépendance indispensable des directions. Nous n'avons réellement rien à craindre de sérieux du côté des théologiens, dont nos hommes d'État sentiront de plus en plus l'impuissance, quels que soient encore pendant quelque temps les protocoles oratoires. Ces prévisions normales sur un rapprochement graduel entre le gouvernement et les positivistes se trouvent déjà confirmées par des symptômes décisifs. Non seulement le pouvoir tolère, et même encourage, à Paris, comme vous savez, mes libres prédications philosophiques dont il connaît bien la nature et le caractère, mais une disposition semblable vient aussi de se manifester à Lyon, où l'autorité a récemment permis de sages conférences privées, ouvertement destinées à convertir au positivisme les prolétaires communistes. Ce noble office est, à la vérité, suspendu momentanément depuis l'avènement dictatorial. Mais je suis convaincu que cette anomalie véritable sera prochainement dissipée, et que ces utiles publications auront bientôt plus d'extension qu'auparavant, avec une approbation plus directe et mieux avouée du gouvernement. La lutte finale de la révolution doit certainement s'établir entre le communisme et le positivisme. Or, à mesure que la situation se développe, elle tend de plus en plus à prendre ce caractère décisif, que la phase dictatoriale mettra davantage en évidence. Par les difficultés croissantes que présentera la répression purement matérielle des tendances anarchiques, le gouvernement sera bientôt conduit à invoquer le positivisme contre le communisme, afin de transformer en énergiques appuis de l'ordre fondamental les estimables prolétaires qu'égarent aujourd'hui les utopies métaphysiques. Délivrez-vous de vos propres rouges !

Tout à vous,

AUGUSTE COMTE.

(10, rue Monsieur-le-Prince).

P.-S. — Je vous renvoie votre billet de la fameuse loterie. D'après un scrupuleux examen, il n'a rien gagné.

IX

A Monsieur BENEDETTO PROFUMO, *à Gênes.*

Paris, le jeudi 10 Dante 68.

Mon cher disciple,

Quelques jours avant de recevoir votre lettre de dimanche, qui m'est parvenue hier, j'avais déjà connaissance de votre récent contact avec M. Sabatier, d'après une mémorable lettre de cet éminent apôtre à son digne ami M. Lonchampt, que celui-ci m'avait spécialement lue. Mais je suis particulièrement satisfait que vous ayez pleinement apprécié ce noble jeune homme, qui me semble destiné, de cœur et d'esprit, à remplir un office capital dans la propagation directe et radicale du positivisme, de manière à mériter un nom immortel.

Le projet que vous me soumettez pour accélérer notre propagande me paraît mal réfléchi, d'après un vicieux rapprochement. J'avais besoin de faire spécialement *appel aux conservateurs,* afin de leur signaler une doctrine qu'ils confondent avec les utopies révolutionnaires. Mais je n'ai jamais eu besoin de m'adresser particulièrement aux divers progressistes, puisque tous mes écrits n'ont guère eu jusqu'ici d'autres lecteurs. Si mes succès devenaient tels auprès des conservateurs, et même des rétrogrades, qu'ils pussent légitimement inspirer des inquiétudes aux révolutionnaires, un appel à ceux-ci pourrait alors convenir. Dans ce cas, je m'adresserais directement aux communistes, qui me paraissent les seuls révolutionnaires collectivement dignes d'attention sérieuse. Il est très probable que leur subside ne sera jamais considérable, et certainement le temps n'y convient pas. Le positivisme possède dans le *Catéchisme*, complété par l'*Appel aux Conservateurs*, quant au présent, tout ce qu'exige sa digne propagande, où nul écrit ne dispenserait d'explications verbales.

Depuis le 1ᵉʳ février, je suis continuellement occupé du tome Iᵉʳ de ma *Synthèse subjective*. J'en écris maintenant le dernier quart, et l'impression en est déjà commencée, en sorte que j'espère le publier en octobre, suivant l'annonce de ma septième circulaire. Ce volume initial de mon troisième et dernier grand ouvrage, qui sera formé de quatre tomes, est spécialement relatif à la *Philosophie mathématique*, de manière à constituer la *logique positive*. Quand j'aurai le plaisir de vous l'envoyer, j'espère, malgré sa nature, que vous pourrez le goûter et le répandre. Son introduction vous fera surtout apprécier le complément fondamental que l'ensemble de ma *Synthèse subjective* doit graduellement apporter au positivisme, en y combinant le fétichisme, pour éliminer le théologisme.

Vu l'irrévocable terminaison, suivant les prévisions positivistes, de l'épisode militaire résulté de l'incident russe, les aspirations sociales, qui furent ainsi suspendues deux ans, vont bientôt prévaloir, si nul trouble intérieur ne survient au foyer régénérateur.

Le moment est venu, pour les vrais positivistes, de prendre la digne attitude qui leur convient comme directeurs systématiques de l'opinion publique chez tous les Occidentaux, au nom d'une doctrine actuellement capable d'offrir sur toutes les questions des solutions précises et complètes, toujours concordantes entre elles, en pratiquant la maxime indiquée par le vers philosophique que j'ai récemment construit pour spécifier notre caractère :

Conciliant en fait, inflexible en principe.

Afin d'installer cet office par une application spéciale et pleinement opportune de la politique tracée dans l'*Appel aux Conservateurs* envers l'ensemble de la situation occidentale, je fais maintenant surgir, chez les positivistes britanniques, une initiative directement décisive, où leur public et leur gouvernement seront dignement invités, au nom de la raison et de la morale, à rendre Gibraltar à l'Espagne avant que celle-ci le demande. Si la diplomatie positiviste, adressée aux nations et non aux cabinets, obtient ce succès initial, le principe ainsi posé d'après un cas minime sera bientôt étendu successivement à toutes les autres atteintes aux mœurs d'indépendante fraternité qui doivent maintenant prévaloir en Occident. La principale application concernera l'Italie, où l'oppression autrichienne ne peut réellement cesser que d'après un digne appel au public germanique, qui nous aura probablement aidés envers Gibraltar. C'est ainsi que doit s'installer la papauté parisienne, en rétablissant l'ordre européen de plus en plus troublé depuis l'annulation de la papauté romaine. Les questions extérieures nous offrent un meilleur champ que les débats intérieurs, parce qu'elles n'excitent pas les inquiétudes des gouvernements, dont nous y pouvons même obtenir l'assistance partielle.

Quant à l'ensemble de la situation, le premier besoin est maintenant d'écarter, comme des brouillons incurables, tous les métaphysiciens (protestants, déistes ou sceptiques), pour concentrer les discussions philosophiques et sociales entre les positivistes et les catholiques, dont les jésuites (ou plutôt *ignaciens*) sont les seuls organes vraiment sérieux. Pour réaliser le vœu que je formais, à cet égard, dès 1841 (p. 327 du tome V de la *Philosophie positive*), les positivistes presseront tous ceux qui croient en Dieu de redevenir catholiques au nom de la raison et de la morale, tandis que les catholiques pousseront, au même titre, quiconque n'y croit pas à se faire positiviste. J'ai spécialement annoncé pour l'année 1862, après l'entière publication de ma *Synthèse subjective*, un *Appel aux Ignaciens*, où cette ligue sera directement développée, d'après un essor alors décisif, qui va bientôt commencer par mon invitation indirecte au général des Ignaciens, afin de me seconder envers la suppression du budget ecclésiastique dans tout l'Occident, et d'abord en France.

Tout à vous,

AUGUSTE COMTE.

(10, *rue Monsieur-le-Prince*).

UNE LETTRE A M. DE LIMBURG-STIRUM

1850.

A Monsieur DE LIMBURG-STIRUM,
     Capitaine du Génie hollandais, à La Haye.

Paris, le 3 Frédéric 62
(Jeudi 7 novembre 1850).

Monsieur,

J'éprouve le besoin de vous témoigner directement combien m'afflige la mort prématurée de M. Kretzer, que j'ai apprise avant-hier. Sans avoir jamais vu ce noble jeune homme, dont la discrétion l'empêcha d'ailleurs de m'écrire autant que je l'y invitais, ses travaux naissants m'ont permis de sentir sa valeur réelle, tant de cœur que d'esprit. La nouvelle doctrine universelle perd en lui un précieux auxiliaire, qui déjà contribua très heureusement à sa haute propagation. Notre future *Revue Occidentale* se trouve ainsi privée d'avance d'un éminent collaborateur, sur lequel j'avais dû compter beaucoup. Il semblait si bien destiné à seconder dignement le grand œuvre de ce siècle, la terminaison organique de la principale révolution humaine par l'avènement universel de la religion finale !

De telles pertes raniment involontairement les éternels regrets de l'Humanité sur les fatalités exceptionnelles qui lui ravirent avant le temps plusieurs de ses meilleurs organes, Bichat, Vauvenargues, Bellini, Raphaël, etc. Ces existences, brisées au début de leur maturité, ne sont jamais remplacées complètement, rien ne pouvant réparer la perte correspondante de force et de soins. Le vrai Grand-Être est ainsi conduit à sentir douloureusement les étroites limites de sa puissance réelle, qui ne peut éviter de tels coups. Rien n'est plus propre à confirmer tristement que le cours général des événements humains n'est dirigé par aucune providence supérieure à celle de l'Humanité elle-même. Car, l'autorité quelconque qui pourrait prévenir ces désastres serait certainement inexcusable de les laisser surgir, tout en permettant, au contraire, la funeste prolongation de tant d'existences stériles ou nuisibles.

Ayant annoncé hier cette catastrophe dans la réunion hebdomadaire de la Société positiviste, mes confrères m'ont unanimement chargé de joindre ici, à l'expression de ma propre douleur, le sincère témoignage de leurs regrets collectifs. Puisse ce touchant concours des positivistes de France, avec ceux de Hollande, apporter quelques consolations à la famille et aux amis de l'éminent jeune homme que nous venons de perdre, et dont la noble mémoire se conservera toujours parmi nous.

Je saisis, Monsieur, cette triste occasion pour vous renouveler spécialement la cordiale assurance de mon affectueuse estime et de ma juste gratitude.

AUGUSTE COMTE.

(10, *rue Monsieur-le-Prince*).

UNE LETTRE A M. POLONCEAU

1850.

A Monsieur POLONCEAU, 42, rue Barbet-de-Jouy,
faubourg Saint-Germain.

Le 3 Frédéric 62
(Jeudi 7 novembre 1850).

Monsieur,

Je ne regrette plus votre silence involontaire de dimanche dernier, depuis qu'il m'a valu la noble lettre dont vous m'avez honoré hier. Elle sera toujours conservée soigneusement parmi les principaux témoignages des précieuses sympathies qui ont, de temps en temps, embelli et soutenu ma vie publique. Une gratitude aussi profonde et aussi spontanée compenserait des fatigues bien supérieures à celles que me suscita le cours qui me l'a procurée. Elle doit m'offrir d'autant plus de prix que son organe a civiquement suivi toutes les phases antérieures de la grande crise occidentale, de manière à pouvoir mieux apprécier la doctrine qui seule peut en diriger la terminaison organique. J'ai déjà eu le bonheur d'obtenir quelques-uns de ces suffrages décisifs que recommandent spécialement une longue expérience et une haute impartialité. Mais aucun ne m'a jamais semblé aussi complet et aussi caractéristique. Je dois donc vous remercier, à mon tour, d'une adhésion qui augmente ma confiance dans le prochain ascendant de la vraie religion finale. Cette touchante sécurité, dont le temps n'a pu altérer l'énergie, me fait mieux sentir l'opportunité de nos efforts continus pour inaugurer l'état normal de l'Humanité, par l'avènement direct du régime pleinement rationnel et pacifique qui, comme vous le dites si bien, anéantira la misère, ou, sous un aspect plus général, développera partout l'existence domestique, presque concentrée jusqu'ici chez les classes les moins propres à la goûter.

Salut et fraternité.

AUGUSTE COMTE.

(10, *rue Monsieur-le-Prince*).

QUATORZE LETTRES

A

MADAME E. DELHORBE

1851-1855.

D'après les originaux donnés
par le destinataire..

I

A Madame E. DELHORBE, 28, rue Monsieur-le-Prince.

Mercredi soir 22 Gutenberg 63
(3 septembre 1851).

Madame,

Très touché de votre honorable demande, je m'empresse de vous annoncer que j'aurai le plaisir de vous attendre demain jeudi, entre onze heures et midi, à moins d'objection de votre part envers cette heure.

Respect et sympathie.

AUGUSTE COMTE.

(10, rue Monsieur-le-Prince).

II

A Madame E. DELHORBE, 30, rue Monsieur-le-Prince.

Vendredi 10 Shakespeare 63
(19 septembre 1851).

Madame,

J'éprouve, à mon tour, le besoin de vous témoigner immédiatement combien me touche la digne effusion de votre précieuse sympathie. Parmi les femmes cultivées, vous êtes la première qui, surmontant toute vaine rivalité secrète, ayez, par le cœur encore plus que par l'esprit, pleinement apprécié l'ange incomparable qui préside à ma seconde vie. Votre sanction décisive me fournit une heureuse garantie pour l'éternelle union que j'ai osé espérer, chez la postérité, entre son nom et le mien, d'après son intime coopération involontaire à la construction définitive de la vraie religion. Je me sens ainsi mieux encouragé à demander solennellement, comme extrême récompense publique, la sainte communauté de cercueil dont j'exprimerai le vœu direct à la fin de l'ouvrage que je viens de placer sous cette noble invocation. La digne adhésion du sexe aimant m'ayant toujours paru devoir constituer le meilleur appui du positivisme, j'attache beaucoup de prix à l'heureux augure que vous daignez me promettre si cordialement.

Respect et sympathie.

AUGUSTE COMTE.

(*10, rue Monsieur-le-Prince*).

III

A Madame E. DELHORBE, 30, rue Monsieur-le-Prince.

Mardi 14 Shakespeare 63
(23 septembre 1851).

Madame,

Je suis heureux d'avoir à la fois à vous féliciter et à vous remercier des résultats déjà réalisés de votre précieux dévouement à la vraie religion. Depuis longtemps je reconnais la supériorité du prosélytisme féminin, auquel nul autre n'est comparable pour la délicatesse des procédés, l'opportunité des efforts, et même la persévérance des tentatives. Mais je n'osais point espérer que la voie ouverte, à cet égard, par mon éternelle collègue serait si promptement et si dignement suivie par une éminente appréciatrice de sa sainte vocation.

Quoique relative à une simple espérance, votre seconde annonce me semble encore plus importante que la première. Car, cette douce communication du positivisme entre deux femmes m'offre le meilleur symptôme de la pleine maturité de son avènement religieux. En lisant le chapitre spécialement féminin du volume que vous avez daigné accepter, vous le trouverez terminé par des vœux formels à ce sujet. Vous y verrez que loin de m'effrayer du catholicisme actuel de votre digne amie, je regarde un tel état, surtout chez votre sexe et même dans le mien, comme disposant davantage au positivisme que ne pourrait le faire aucune préparation métaphysique, soit protestante, soit déiste. C'est par le cœur que nous devons principalement obtenir la sanction des femmes. Nous devons donc compter surtout sur celles qui éprouvent le mieux cet ordre de besoins. Or, l'attachement au catholicisme témoigne souvent, chez les âmes tendres, une telle prépondérance en un temps où l'amour seul soutient la vieille foi. Je me félicite même que votre prochaine prosélyte habite la péninsule méridionale, parce que là l'importance de la culture morale est mieux sentie aujourd'hui que partout ailleurs. Vous me faites ainsi espérer une prompte réalisation de la prévision qui termine le passage indiqué ci-dessus sur la propagation de la religion positive parmi les Espagnoles et les Italiennes sous l'impulsion d'une digne femme. Cet office, que je réservais à ma sainte compagne, j'ai osé alors espérer qu'il serait enfin accepté par l'une de ses vraies admiratrices. Il m'est aussi doux comme homme que comme fondateur du positivisme de pouvoir ainsi compter sur une prochaine réalisation de ce noble espoir.

Au milieu de ces satisfactions inattendues, j'ai remarqué la sincère annonce d'une divergence partielle. Quand l'accord dépend surtout du cœur, les moindres dissidences acquièrent de la gravité. C'est pourquoi je voudrais dissiper celle-ci le plus promptement possible, quoique je ne la connaisse pas encore. Je serai toujours aussi disposé à prendre vos représentations en considération sérieuse qu'à vous donner toutes les explications convenables. Si vous voulez bien venir causer de cela, je serai libre chaque jour, sauf le mercredi et le dimanche, entre onze heures et midi, ou même pour vous à toute autre heure que vous m'indiqueriez, ayant suspendu maintenant ma grande élaboration écrite jusqu'à la fin de mon cours actuel.

Respect et sympathie.

AUGUSTE COMTE.

(*10, rue Monsieur-le-Prince*).

P.-S. — Je dois saisir cette occasion pour vous mieux témoigner ma reconnaissance spéciale de votre précédente lettre, dont je ne vous ai point assez remercié. La touchante sanction que vous avez dignement accordée à mon culte intime a déjà réagi sur l'heureuse efficacité de sa pratique quotidienne. Une femme daignant ainsi s'associer à moi pour honorer cordialement cette sainte mémoire, je suis dès lors assuré d'obtenir pour elle l'universalité et la perpétuité d'adoration qui, depuis cinq ans, constitue secrètement ma principale ambition.

IV

A Madame E. DELHORBE, 30, rue Monsieur-le-Prince.

Mercredi soir 15 Shakespeare 63
(24 septembre 1851).

Madame,

Je prends une part sincère à l'affliction indirecte qui vous frappe inopinément. Mais votre douloureuse sympathie est le seul sentiment privé dont l'expression immédiate puisse ici soulager votre malheureuse amie et par suite vous-même.

Dînant à six heures tous les jours, je serai demain à votre disposition dès sept heures moins un quart, sans aucun dérangement, ne travaillant jamais le soir.

Respect et sympathie.

AUGUSTE COMTE.

(10, rue Monsieur-le-Prince).

V

A Madame E. DELHORBE, 30, rue Monsieur-le-Prince.

Madame,

C'est seulement tout à l'heure que je viens de recevoir votre billet daté d'hier. Je m'empresse d'y répondre en vous invitant à venir causer de ce cas intéressant, à l'heure que vous préférerez, *après-demain, vendredi,* où, comme hier, je resterai chez moi toute la journée. Mais, avant tout, je dois vous recommmander de ne faire aucun usage de l'emblème qu'on vous a remis. Laissez celle qui l'a construit se charger elle-même de sa transmission, et bornez-vous, tout au plus, à lui donner l'adresse du destinataire officiel. Ce serait une imprudence inexplicable que de se compromettre politiquement pour un parti qu'on n'adopte pas.

Respect et sympathie.

AUGUSTE COMTE.

(10, rue Monsieur-le-Prince).

VI

A Madame E. DELHORBE,
2, rue Saint-Germain-des-Prés prolongée.

Samedi 11 Dsecartes 63
(18 Octobre 1851).

Madame,

J'attache trop de prix à votre présence pour oublier de vous avertir quand aura lieu la touchante cérémonie dont je vous ai parlé, et qui, j'espère, achèvera votre conversion au positivisme. Mais cette célébration exceptionnelle doit, comme vous le savez, coïncider avec la première consécration des deux enfants issus de ce tendre couple, ce qui exige qu'il ait d'abord trouvé deux parrains et deux marraines, nécessairement positivistes. Or, cette condition difficile, et pourtant indispensable, n'est encore remplie qu'envers la petite fille. Quand elle le sera aussi pour son frère, la cérémonie ne tardera pas, et je m'empresserai de vous en indiquer le jour dès qu'il sera fixé.

La sage résolution que vous m'annoncez mérite mes félicitations spéciales. En restreignant un peu votre bienfaisante activité, elle la rendra plus pure et plus satisfaisante. Vous y gagnerez d'ailleurs de pouvoir mieux proclamer les convictions dont vous êtes si rapprochée maintenant.

Respect et sympathie.

AUGUSTE COMTE.

(10, *rue Monsieur-le-Prince*).

VII

A Madame E. DELHORBE,
2, rue Saint-Germain-des-Prés prolongée.

Jeudi soir 16 Descartes 63.

Madame,

Je suis très touché de l'impression spéciale que vous a produite ma séance de clôture. Votre zèle sincère et persévérant me permet d'espérer, l'an prochain, un notable accroissement dans la plus précieuse partie de mon auditoire. Le prochain débordement des utopies subversises doit alors faire mieux sentir combien il importe que le sentiment féminin intervienne dignement au milieu des désordres de la raison masculine. Sans l'appui du sexe qui, depuis le moyen âge, constitue spontanément notre vraie providence morale, la nouvelle religion serait incapable de surmonter assez les tendances anarchiques qui vont surgir, en Occident, contre tous les dogmes fondamentaux de la sociabilité humaine. Dévoué systématiquement à cet immense devoir, je serais heureux d'en causer avec vous dimanche prochain, comme vous daignez me le demander, si vous voulez bien venir *à trois heures.*

Respect et sympathie.

AUGUSTE COMTE.

(10, rue Monsieur-le-Prince).

VIII

A Madame **E. DELHORBE,**
         2, rue Saint-Germain-des-Prés prolongée.

Samedi 25 Frédéric 63
(29 novembre 1851).

Madame,

Comme je vous en avertis il y a quelques semaines, il ne m'est plus possible de recevoir personne dans la journée, depuis que j'ai repris la grande composition interrompue par mon cours. Mais on est toujours certain de me trouver disponible chaque soir, excepté le mercredi et le lundi, quand on arrive avant huit heures. En régularisant ce régime d'hiver, j'ai d'ailleurs réservé le jeudi pour le repos, la correspondance et les entrevues auxquelles la soirée convient mal. Si donc vous préfériez attendre jusqu'à jeudi prochain, j'aurais alors le plaisir de vous recevoir entre deux et trois heures, qui est, je crois, le moment le plus commode pour vous.

Respect et sympathie.

AUGUSTE COMTE.

(10, rue Monsieur-le-Prince).

IX

A Madame Eugénie DELHORBE,
     2, rue Neuve-Saint-Germain-des-Prés.

Lundi 27 Bichat 63
(29 décembre 1851).

Madame,

Je suis très touché des cordiales impressions que vous voulez bien me témoigner au sujet de la double cérémonie de jeudi dernier. En vous voyant partir avant sa fin je n'ai jamais supposé que cela tînt à une insuffisante sympathie. Aussi, quand j'aurai l'occasion de vous recevoir, vous offrirai-je de signer chacun des deux actes, comme les dames qui les ont suivis jusqu'au bout.

Mon excellente Sophie me charge de vous exprimer sa juste reconnaissance pour les sentiments qu'elle vous a spécialement inspirés. Croyez que je suis moi-même fort sensible à de tels témoignages envers une femme vraiment éminente, dont l'admirable simplicité doit faire mieux ressortir la valeur chez toutes les âmes délicates, et qui sera toujours, à mes yeux, sinon légalement, du moins religieusement, ma fille adoptive.

Respect et sympathie.

AUGUSTE COMTE.
(10, rue Monsieur-le-Prince).

X

A Madame Eugénie DELHORBE,
2, rue Neuve-Saint-Germain-des-Prés.

Lundi 19 Moïse 64
(19 janvier 1852).

Madame,

Mademoiselle Jacquemin, qui vous remettra ce billet, est une jeune institutrice de la Haute-Saône, digne sœur de l'un de mes meilleurs amis, avec lequel elle habite maintenant mon voisinage. Voulant transporter à Paris l'exercice de sa profession, elle ignore si son brevet de Besançon peut lui suffire ici, sans exiger de nouvelles formalités ou épreuves. Étant moi-même trop étranger à ce régime pour lui donner avec sécurité une réponse décisive, j'ai pensé que vous voudriez bien lui procurer cordialement, à mon intention comme à la sienne, un renseignement exact qui doit vous être familier. Agréez-en d'avance nos remerciements spéciaux.

Respect et sympathie.

AUGUSTE COMTE.

(10, rue Monsieur-le-Prince).

XI

A Madame E. DELHORBE,
     12, rue Sainte-Marguerite-Saint-Germain.

Samedi soir 24 Archimède 64.

Madame,

Dès le commencement de mars, j'ai tenté d'obtenir la réouverture de mon cours hebdomadaire, dans la même salle qu'auparavant. Mais rien n'est encore décidé là-dessus. Si le cours a lieu cette année, comme je puis l'espérer, ce ne sera pas avant le premier dimanche de mai.

Je suis toujours occupé profondément pour mon second volume, qui sera fini dans quinze jours. En même temps, il s'imprime rapidement, de manière à paraître vers la fin de mai. Mais ces travaux assidus ne m'empêchent pas d'être libre toute la journée du jeudi, suivant le plan de semaine que je me suis fait, afin de vaquer à ma correspondance, et de recevoir les personnes qui ayant besoin de me parler ne peuvent cependant venir le soir.

Vos préoccupations de famille m'ont beaucoup touché, et j'en ai facilement deviné l'objet. Je me félicite de plus en plus du conseil que je vous donnai sur ce cas, et qui console plusieurs âmes sans nuire réellement à personne, quoiqu'en bravant de faux scrupules.

Respect et sympathie.

AUGUSTE COMTE.

(10, *rue Monsieur-le-Prince*).

Mon excellente Sophie est très touchée de votre digne souvenir, et me charge de vous en remercier.

XII

A Madame E. DELHORBE, 12, rue Sainte-Marguerite.

Lundi 26 Descartes 64
(1ᵉʳ novembre 1852).

Madame,

Mon excellente Sophie est profondément touchée de votre sincère sollicitude et me charge de vous témoigner sa reconnaissance pour cette cordiale manifestation. Sa santé se trouve maintenant rétablie du trouble grave qui résulta récemment d'un rhume intense mais passager, auquel la délicatesse de sa poitrine donna rapidement un caractère fâcheux heureusement dissipé. Veuillez agréer aussi mes propres remerciements pour cette affectueuse attention envers ma fille adoptive, le seul vivant de mes trois anges gardiens, et si pleinement digne des deux autres.

Je vous renvoie ci-jointe l'intéressante lettre que vous avez daigné me laisser. Elle m'a paru si remarquable que je l'ai lue textuellement, mercredi dernier, à la Société positiviste, qui l'a trouvée admirable.

A cette courte réponse, je joins un exemplaire spécial du *Catéchisme positiviste*, destiné surtout aux utiles communications que vous savez si bien instituer. Le jeune auteur de la lettre ci-incluse mérite d'être, l'un des premiers, honoré d'une telle relation.

Respect et sympathie.

AUGUSTE COMTE.

(*10, rue Monsieur-le-Prince*).

XIII

A Madame E. DELHORBE, 12, rue Sainte-Marguerite.

Dimanche 23 Moïse 65
(23 janvier 1853).

Madame,

Quand vous répondrez à votre amie, je vous prie de vouloir bien lui témoigner ma gratitude pour le passage qui me concerne dans la lettre dont je vous dois la communication, et que je vous renvoie ci-jointe. Peu de temps après l'avoir écrite, elle a dû recevoir le *Catéchisme positiviste*, qui se trouvera spontanément satisfaire son noble vœu, bien au delà de ce qu'elle pouvait alors espérer.

Respect et sympathie.

AUGUSTE COMTE.

(10, *rue Monsieur-le-Prince*).

P.-S. — Ma bonne fille adoptive est très touchée de votre souvenir spécial.

XIV

A Madame E. DELHORBE, à Paris.

Paris, le dimanche soir 21 Gutenberg 67
(2 septembre 1855).

Madame,

L'affreuse catastrophe que vous venez de m'annoncer me fait profondément sentir la plus douloureuse des fatalités que subit l'Humanité, prématurément privée de ses meilleurs enfants, tandis que tant de purs fardeaux survivent longtemps. Mais de tels désastres doivent toujours disposer les dignes âmes à mieux chérir et à soigner davantage les existences vraiment précieuses qui peuvent ainsi cesser brusquement. Un pareil coup ne comporte aucune autre consolation, surtout chez une mère, un père, un mari, que celle que procure la sincère sympathie de ceux qui vous connaissent. C'est seulement ainsi que j'aspire à soulager votre incomparable douleur. Quoique je n'aie jamais eu la satisfaction de voir votre excellente fille, l'ensemble des renseignements qui me sont parvenus sur ses sentiments et sa conduite me font regarder sa perte précoce comme une véritable calamité, non seulement privée, mais publique, et je conserverai toujours sa mémoire parmi celles des dignes femmes que j'ai pu personnellement juger.

Mon excellente Sophie étant privée de sommeil depuis plusieurs nuits, je suis forcé, malgré ses désirs, de lui défendre, comme médecin, d'aller vous voir ce soir. Demain matin, lundi 3 septembre, elle sera chez vous avant neuf heures, pour vous offrir les compensations qui peuvent résulter de sa franche sympathie et de ses sages conseils.

Respect et sympathie.

Auguste Comte.

(10, rue Monsieur-le-Prince).

UNE LETTRE A Mme VIRGINIE ROBINET

1852.

A Madame *VIRGINIE ROBINET*,
à *Vic-sur-Seille* (Meurthe).

Paris, le 8 Homère 64
(5 février 1852).

« Il n'y a rien de réel au monde qu'aimer ».

(Madame de Staël).

Madame,

Votre digne fils vient de m'informer que, sur le lit
de douleur que vous habitez depuis trois ans, vous
avez eu la force d'entendre avec calme ses lectures et
ses explications sur les principaux dogmes du positivisme, et que votre haute raison, soutenue par une
admirable tendresse, a noblement reconnu la supériorité décisive de cette doctrine régénératrice envers
tous les points essentiels de la morale universelle,
tant privée que publique, surtout quant à la vraie

condition sociale des femmes dans l'ordre moderne, à leur surintendance normale de l'éducation humaine, et à la nature comme à la marche de cette éducation. Permettez-moi de me féliciter directement auprès de vous de cette nouvelle sanction féminine obtenue par la religion positive, au milieu d'une situation personnelle qui lui procure un caractère à la fois si touchant et si solennel. C'est pour vous prouver quel prix j'y attache que je vous ai, ce matin, offert par la poste un exemplaire spécial du volume qui vient de me procurer cet auguste suffrage. Vous y verrez que déjà je me suis publiquement honoré, quoique sans aucune indiscrétion, de l'approbation décisive qui fut d'abord accordée à ma théorie féminine par une dame anglaise fort distinguée, du même âge que vous. Quand je ferai une seconde édition de ce volume, j'oserai vous demander la permission de compléter ce jugement féminin en caractérisant, avec une pareille prudence, la consécration, encore plus précieuse que cette doctrine vient d'obtenir.

Le principal office de tout vrai pouvoir spirituel consiste, soit dans l'ordre normal, soit même pendant l'état révolutionnaire, à juger les individus quelconques suivant leur véritable mérite personnel, surtout moral, et à proclamer dignement cette appréciation, pour la faire autant que possible prévaloir sur le classement réel, qui doit rester essentiellement réglé par la puissance matérielle, fût-elle d'ailleurs fortuite. Cette mission difficile n'exige pas seulement qu'on sache écarter l'éclat vulgairement résulté d'une richesse ou d'une autorité toujours étrangères à la personne, et rarement justifiables autrement que d'après leur bon usage. Il faut aussi pouvoir s'y défendre des avantages, plus personnels en apparence, qui dérivent de l'instruction accumulée, souvent encore plus mal distribuée et employée que la fortune temporelle. Enfin, on doit aller jusqu'à faire abstraction des travaux effectifs, leur accomplissement se trouvant fréquemment dominé par des influences non moins étrangères que les précédentes au mérite qu'on veut apprécier. C'est à travers cette triple écorce qu'il faut savoir sonder chaque nature humaine, pour déterminer, sans aucune illusion, toute sa valeur cérébrale, de cœur, d'esprit et de caractère. A l'âge de cinquante-quatre ans, je serais peu digne de mon incomparable mission si je n'avais point assez aimé et assez souffert pour utiliser mes observations et mes méditations sur la vie réelle, de manière à pouvoir bien juger, quoique rapidement, cette valeur fondamentale de chacun, quand j'ai les renseignements indispensables. Je viens d'achever envers vous, Madame, cette opération sacerdotale, que je commençai spontanément dès les premières informations que votre noble fils me fournit, à son insu, sur votre admirable nature. Le résultat vous en est complètement favorable, et je me félicite de pouvoir vous le déclarer, ou même de le proclamer autant que vous le désirerez, en donnant à la présente lettre toute la publicité convenable, soit maintenant, soit plus tard.

Malgré mon existence solitaire, j'ai eu le rare bonheur de trouver déjà trois admirables types féminins, d'abord une sainte mère que j'appréciai trop tard, puis une incomparable compagne éternellement unie désormais à ma renommée reconnaissante; enfin une éminente fille adoptive, qui continue auprès de moi leur précieuse providence morale, tout en protégeant ma vie matérielle; bien connue du jeune couple qui vous réunit à moi, celle-ci peut donner une idée du mérite de celles qu'on ne peut maintenant juger que d'après moi-même. Vous êtes, Madame, la quatrième femme complète dont j'aie acquis une suffisante appréciation. Dès hier, pendant ma visite hebdomadaire à la tombe chérie, j'ai définitivement placé votre nom et même votre touchante image, que je vis une fois figurée, dans le saint cortège où je me plais à réunir, autour de ce centre normal, toutes les existences des deux sexes avec lesquelles j'ai pu personnellement sympathiser assez, et où se mêlent indistinctement des morts et des vivants, sauf que les uns y sont irrévocablement rangés, tandis que les autres peuvent encore y démériter leur position. Quoique ce dernier cas se soit malheureusement réalisé déjà, je ne le craindrai jamais envers vous. Votre puissante tendresse m'est assez prouvée par ses résultats sur votre fils, qu'elle a seule préservé d'une corruption anarchique et du dessèchement scientifique, et auquel elle a inspiré la force de prendre récemment, avec une épouse digne de tous deux, un admirable engagement religieux, tout en procurant à la religion positive un charmant rejeton et enfin une parfaite mère. Quant à votre haute intelligence, quelques phrases caractéristiques de vos douloureuses lettres m'en ont assez fait juger la portée et la consistance, indépendamment de toute acquisition artificielle. Enfin, votre caractère héroïque m'était déjà prouvé par la persistance même d'une existence que n'aurait pu soutenir aucune organisation moins énergique, moins résignée et moins persévérante ; sous tous les aspects, Madame, vous me rappelez l'ange incomparable qui ne cessera jamais de présider à ma seconde vie directe, et même à l'existence indirecte mais indéfinie, que je suis maintenant certain d'obtenir d'une impartiale postérité.

D'après cette irrévocable appréciation, je serais heureux, Madame, si je vous survis, de conférer solennellement à votre mémoire, soit de vive voix, soit par écrit, après le sage délai prescrit par les rites positivistes, le dernier et le plus auguste de tous nos sacrements sociaux, celui qui doit à jamais *incorporer* votre âme à l'être immense et éternel que vous servez dignement. Cette consécration finale élèvera à l'immortelle dignité d'un culte vraiment public le saint culte privé dont vous serez d'abord l'objet : elle est la seule propre à l'existence subjective qu'elle inaugure, et dans laquelle toutes les dignes individualités s'unissent sans se confondre. Mais si, pendant la vie directe, quelques graves inquiétudes personnelles vous faisaient éprouver le besoin du sacrement consolateur qui couronne l'existence objective, vous m'y trouveriez également disposé, pourvu que la situation me permît d'accomplir ce devoir, encore plus susceptible de renouvellement que son triste analogue dans l'ancien culte. Si même votre état physique vous faisait craindre maintenant une séparation prématurée, votre noble fils pourrait, sous ma délégation spéciale, me remplacer auprès de vous pour ce saint ministère. Envers une mère moins admirable et un moins noble fils, je n'oserais hasarder cette substitution, qui, pouvant exiger quelque sévérité pour ne pas dégénérer en une vaine cérémonie, se trouverait alors déplacée. Mais ici rien de semblable n'est à craindre d'aucun côté. Au nom de l'Humanité, j'autorise donc mon cher disciple, Eugène Robinet, votre bon fils, assisté de sa digne épouse, à remplacer auprès de vous, pour ce cas éventuel, Auguste Comte, accompagné de Clotilde de Vaux, afin de vous conférer dignement, sur votre demande vraiment libre et assez réfléchie, le sacrement positiviste de la *transformation,* qui, complétant l'existence objective, annonce la vie subjective. Tous deux, connaissant bien l'intime connexité des neuf sacrements sociaux, sentent l'aptitude de chacun d'eux à absorber les précédents, et à suffire seul comme préparation aux suivants. Cette unique solennité équivaudrait donc envers vous à toute la série des consécrations par laquelle passera votre charmante petite-fille, à partir du sacrement initial que je lui conférai le 25 décembre 1851. Quand vous serez rétablie, j'espère pouvoir un jour vous expliquer personnellement toute cette doctrine religieuse que la nouveauté rend seule difficile à saisir. En attendant, Madame, une telle satisfaction, je termine cette épître consolatrice en adressant à votre belle âme la sainte appréciation que Dante formula pour la Vierge Marie, suave type chrétien du sexe aimant, que j'osai récemment transporter publiquement à *quella ch' imparadisa la mia mente*, et qui convient, en général, à toute digne femme; personnification spontanée de l'Humanité.

In te misericordia, in te pietate,
In te magnificienza, in te s'aduna
Quantunque in creatura è di bontate.

Respect et sympathie.

AUGUSTE COMTE,

Prêtre de l'Humanité.
(10, rue Monsieur-le-Prince).

UNE LETTRE A M. SEBA SMITH

1852.

A Monsieur SEBA SMITH, à New-York
(États-Unis d'Amérique, par le Havre).

Paris, le 6 Aristote 64
(2 mars 1852).

Monsieur,

Cette sommaire réponse à votre grande lettre du
23 janvier (que j'ai reçue le 6 février) eût été plus
tôt écrite sans les urgentes occupations qui m'absorbent pour achever le tome second de mon *Système de
Politique positive*, afin de publier ce nouveau volume
au mois de juillet, comme le fut, l'an dernier, le
tome Ier, et comme le seront, j'espère, les deux années suivantes, les deux autres volumes de cet important traité. En vous expliquant ainsi mon retard
involontaire, je veux repousser aussitôt les félicitations imméritées que vous m'adressez sur ma prétendue impassibilité théorique au milieu des graves perturbations de la société occidentale. Une telle apathie
me semblerait constituer un égoïsme aussi méprisable que celui qu'on reprocha justement à Gœthe,
affectant d'étudier le chinois, pendant que ses concitoyens se soulevaient dignement contre l'oppressive
domination de Bonaparte. Il est vrai que, depuis
quatorze ans, je n'ai pas lu un seul journal, ni revue,
même scientifique. Mais, cette heureuse hygiène céré-

brale ne provient d'aucune indifférence sociale. Au contraire, elle est surtout destinée à mieux conserver en moi les vues d'ensemble et les sentiments généreux qu'exige la grande régénération à laquelle j'ai toujours voué ma vie. Si vous aviez mieux lu, Monsieur, même le premier volume seulement de ma *Philosophie positive,* vous auriez senti que ce traité fondamental a pour but principal la reconstruction de l'ordre moderne, d'après les seules théories qui puissent désormais fonder des convictions fixes et communes par des démonstrations décisives.

Je suis ainsi conduit à remplir dignement le devoir que m'impose votre loyal appel à mon autorité spirituelle sur vos *Nouveaux Éléments de Géométrie.* Pour répondre à votre noble confiance, je dois vous déclarer, avec une pleine franchise, que, d'après un suffisant examen, je suis finalement obligé de blâmer sévèrement l'ensemble de ce travail, et de vous engager à n'y donner aucune suite. Sans doute la géométrie est aujourd'hui fort mal enseignée, plus mal peut-être qu'aucune autre science. Mais vous vous êtes entièrement mépris sur la source d'un tel désordre et sur la nature du remède. Il faut voir là réellement un résultat spécial de l'anarchie croissante où se trouve la raison moderne, depuis la chute de l'ancienne discipline philosophique, jusqu'à ce qu'une philosophie nouvelle fasse enfin prévaloir irrévocablement l'esprit d'ensemble sur tout esprit de détail. Si l'enseignement des sciences, et en particulier celui de la géométrie, est maintenant très vicieux, cela tient surtout à ce que ses maîtres, oraux ou écrits, s'éloignent de plus en plus du point de vue encyclopédique, auquel il faut donc les ramener autant que possible. En considérant les *Éléments de Géométrie* publiés, il y a un siècle, par l'éminent géomètre Clairaut, on y reconnaît, pour ce temps-là, un type admirable de l'enseignement mathématique, qu'on devrait aujourd'hui dépasser philosophiquement, tandis qu'on est, au contraire, tombé de plus en plus au-dessous de ce précieux essai. Je ne crains pas de vous dire, Monsieur, que votre nouvelle tentative augmente encore les inconvénients actuels sous plusieurs aspects très graves.

Le premier tort de ceux qui écrivent aujourd'hui sur l'enseignement mathématique, consiste à n'être point assez instruits pour le concevoir, suivant sa vraie destination intellectuelle et sociale, comme le premier échelon d'une série encyclopédique d'études positives, qui doit conduire graduellement notre intelligence des notions les plus simples jusqu'aux plus compliquées, sans jamais oublier que la science humaine est nécessairement unique, n'ayant d'autre objet final que de nous connaître afin de nous améliorer. Mais la plupart, ceux du moins en Europe, qui composent des traités de géométrie, connaissent cependant l'ensemble de la science mathématique, quoiqu'ils l'isolent trop du reste de la philosophie naturelle. Vous, Monsieur, au contraire, qui voulez réformer l'enseignement élémentaire de la géométrie, vous avouez que vous ignorez l'algèbre, et par conséquent la géométrie générale à laquelle un tel enseignement doit seulement fournir une indispensable préparation !

Sous un aspect plus spécial, cette évidente insuffisance vous conduit à proposer, comme perfectionment de la géométrie, une innovation directement contraire au véritable esprit de cette science, et envers laquelle je dois ici repousser toute l'apparente solidarité que vous avez cru trouver dans une fausse interprétation d'un de mes passages, auquel vos préventions vous ont fait donner une attention trop exclusive, tandis que les explications au milieu desquelles il se trouve vous eussent préservé d'une telle méprise. Enfin, votre défaut d'instruction mathématique vous pousse jusqu'à donner à vos propositions une généralité qu'elles ne sauraient comporter. Par exemple, votre relation entre la surface et le volume d'un corps quelconque, ne convient vraiment qu'à ceux dont toutes les faces planes, finies ou infiniment petites, peuvent toucher une même sphère ; condition évidemment incompatible avec la plupart des formes rigoureuses, réelles ou idéales.

Salut et fraternité.

AUGUSTE COMTE.

(10, *rue Monsieur-le-Prince*).

QUATRE LETTRES A M. ALFRED RIBET

1852-1853.

I

A Monsieur A. RIBET, à Bommes (Gironde).

Paris; le jeudi 1er Dante 64.

Mon cher disciple,

Je m'empresse de répondre à votre honorable confiance en vous engageant à persister invariablement dans le refus annoncé par votre lettre de dimanche. Mais je désire que vous attribuiez ce conseil à sa seule source réelle, c'est-à-dire à la condition inacceptable d'un ignoble serment directement contraire à l'esprit fondamental de notre temps, où nul ne peut encore inspirer assez d'estime et de respect pour mériter, en politique, un dévouement personnel. Cette formalité dégradante ne saurait devenir excusable, dans notre milieu anarchique, que chez ceux qui la subissent comme une sorte de corvée attachée à leur profession, quand leur pauvreté personnelle les empêche de s'y soustraire.

Mais si cette absurde condition n'était pas imposée aux maires, je vous engagerais à l'acceptation de l'office gratuit qu'on vous offre, parce que vous y pourriez faire du bien, même sous le régime actuel. Votre lettre me donne lieu de présumer que vous n'avez pas encore reçu le tome deuxième de mon *Système de Politique positive*, publié dès la fin de mai. Quand vous lirez ce volume, sa préface vous expliquera suffisamment ma théorie positive de la dictature et la manière dont j'apprécie notre nouvelle situation républicaine, éminemment favorable au positivisme, si les positivistes l'utilisaient assez. Malgré son caractère aveugle et égoïste, qui ne saurait longtemps durer, ce régime est très préférable au long charivari parlementaire dont il nous a, j'espère, irrévocablement débarrassés, sauf les mutations personnelles. En attendant la lecture que je viens de vous indiquer, vous pourrez prendre une idée de cette appréciation historique par le petit croquis ci-joint, que je détache afin que vous puissiez le faire sagement circuler. Quand vous aurez étudié cet enchaînement, vous sentirez, j'espère, que la succession des trois phases accomplies y garantit la prévision des deux autres, dont la plus prochaine sera malheureusement violente encore, tandis que la suivante surgira paisiblement.

Je viens d'inscrire votre engagement pour *une* souscription à la fondation de la *Revue Occidentale*. Mais je crains bien que vous n'ayez point à le réaliser prochainement. Car le nombre de ces promesses est encore déplorablement minime, après trois mois d'avis. Le résultat est loin d'atteindre, soit en nombre, soit même en proportion, le taux obtenu dans la tentative de 1848, qui pourtant fut très insuffisante. Aussi ne me reste-t-il d'autre espoir pour le succès actuel que la très invraisemblable éventualité qui résulterait du généreux dévouement d'un riche patron, prenant sur lui la responsabilité de toute cette dépense. Cela vient d'arriver pour la réimpression du tome Ier de ma *Philosophie positive*, dont l'épuisement élevait à un taux exorbitant le prix de l'ouvrage entier, qu'on ne pouvait plus même se procurer couramment. Un jeune banquier d'Épernay, récemment converti au positivisme, entreprend, à ses frais, cette seconde édition partielle, *identique à la première*, d'après ma renonciation générale à tous profits littéraires. Mais la fondation de notre *Revue Occidentale* exigerait une dépense beaucoup plus grande, que je ne puis guère espérer, sauf peut-être des États-Unis, où le positivisme chemine profondément, surtout parmi les riches conservateurs. Quant aux ressources collectives, je n'en attends presque rien pour cette troisième tentative. Cela ne résulte pas seulement de la détresse commerciale, mais surtout de l'atonie sociale qui nous serait très favorable, si malheureusement elle n'avait pas gagné jusqu'à la plupart des positivistes. En effet, je n'ai point obtenu même jusqu'ici le nombre suffisant de *collaborateurs* habituels.

L'opuscule exceptionnel dont je suis maintenant occupé, changera peut-être prochainement cette fâcheuse disposition en imprimant une impulsion décisive à notre propagande, qui n'avait encore aucun guide systématique. Avant de commencer, en novembre, le tome IIIe de ma *Politique positive*, pour paraître en juin 1853, j'écris actuellement, comme intermède, un volume d'environ 300 pages in-12 qui sera publié, j'espère, au début d'octobre. Voici le titre de cette composition épisodique, dont vous pourrez ainsi saisir la nature et la portée : *Catéchisme positiviste, ou sommaire exposition de la Religion universelle, en onze entretiens systématiques entre une femme et un prêtre de l'Humanité.* Je puis ajouter confidentiellement que ma sainte interlocutrice est Mme Clotilde de Vaux, l'ange subjectif qui préside à ma seconde vie, comme on le sait généralement depuis ma grande dédicace. Cette condensation populaire du positivisme devait d'abord succéder à l'entière terminaison de ma *Politique positive.* Mais, après avoir écrit le premier chapitre du tome IIe, j'ai senti que je pourrais l'accomplir quand ce volume décisif serait terminé. Une telle conviction, de plus en plus ferme à mesure qu'il avançait, est devenue complète depuis que je l'ai achevé. Elle vient de me conduire à commencer, vendredi dernier, mon *Catéchisme positiviste,* dont j'espère être quitte à la fin d'août. Il est surtout attendu très impatiemment à Lyon, où le positivisme a maintenant un précieux foyer d'extension méridionale.

Salut et fraternité.

Auguste Comte.

(10, *rue Monsieur-le-Prince*).

II

A Monsieur ALFRED RIBET, à Bommes (Gironde).

Paris, le samedi 17 Frédéric 64.

Mon cher disciple,

Une occasion décisive se présente spontanément de constater que la morale positive ne consiste pas seulement en discours, et que nous pratiquons dignement les préceptes que nous introduisons.

L'un des membres primitifs de la Société positiviste, M. Francelle, ouvrier horlorger, le plus ancien prolétaire atteint par le positivisme, vient d'être, à trente-neuf ans, conduit à Bicêtre pour idiotisme sénile, qu'on attribue au ramollissement cérébral, d'où va probablement résulter sa mort prochaine. Depuis un an, il avait cessé de pouvoir rien gagner, et sa jeune épouse soutenait leur ménage, en travaillant péniblement jusqu'à minuit, pour les tailleurs de Paris. Vous savez qu'elle fournit, de la manière la plus touchante, le premier exemple de l'engagement du veuvage éternel qui caractérise le mariage positiviste, quoiqu'elle-même fût encore catholique alors. Elle est ensuite devenue pleinement positiviste, au point de soustraire spontanément au baptême chrétien son fils, auquel s'appliqua la première réalisation de notre sacrement de la présentation. C'est une femme aussi distinguée par l'esprit que par le cœur et le caractère, malgré son défaut de culture. Ainsi devenue veuve à l'âge de vingt-quatre ans, elle est bien décidée à respecter toujours la loi sacrée qu'elle admit librement, quoiqu'elle pût certainement contracter un second mariage avec les avantages matériels qui sont aujourd'hui si préférés. Sa résolution est d'autant plus méritoire que la pauvreté de sa famille et de celle de son mari ne lui laisse d'autre ressource que son propre travail. Mais là survient un devoir pour tous les vrais positivistes, et surtout pour notre Société. Nous ne devons pas souffrir que Mme Francelle gagne *deux francs* par jour en cousant des gilets jusqu'à minuit, de manière à détruire ses yeux, déjà souffrants, et sans pouvoir élever son fils. Il faut qu'elle gagne seulement un franc, et que la Société positiviste pourvoie au reste, par une pension annuelle de *quatre à cinq cents francs*, payable par trimestre, pendant le premier mois de chaque trimestre. Afin d'atténuer un arriéré trop explicable, j'ai cru devoir fixer au 1er octobre 1852 le début de cette pension, dont je voudrais pouvoir remettre le premier trimestre avant la fin du présent mois de novembre : le second serait payé dans le courant de janvier prochain. Chaque positiviste doit, à cet égard, se taxer, d'après son zèle, suivant ses moyens, mais avec une grande prudence, puisqu'il s'agit d'un engagement durable. Je me suis exceptionnellement imposé *cent francs* par an (ou plutôt *vingt-cinq* par trimestre), comme étant le principal auteur du noble nœud qui maintenant entrave l'avenir matériel de notre digne veuve, où j'espère trouver, pour le positivisme, une sainte vivante, en pleine harmonie avec notre sainte morte. Mais ce taux, que je serais d'ailleurs hors d'état de soutenir en un second cas de ce genre, ne doit servir de guide à personne, et je pense que toutes les coopérations resteront au-dessous, même chez les positivistes les plus aisés et les mieux disposés. Toutefois, quoique nous ne soyons ni riches, ni nombreux, j'espère que nous pourrons fonder cette modique pension, sans que j'aie besoin d'étendre l'appel religieux jusqu'aux positivistes extérieurs à notre Société. Je sais d'avance que vous me féliciterez de concourir à construire ainsi la providence matérielle qui doit ici faciliter l'accomplissement de deux de nos règles morales, dont la récente publication de mon *Catéchisme positiviste* fait mieux ressortir le prix. Quand vous aurez arrêté votre chiffre, je vous prie de m'envoyer aussitôt le premier trimestre, par un bon sur la poste, ou suivant toute autre voie expéditive que vous préféreriez.

Tout à vous,

AUGUSTE COMTE.

(10, rue Monsieur-le-Prince).

III

A Monsieur ALFRED RIBET, à Bommes (Gironde).

Paris, le vendredi 2 Bichat 64.

Mon cher disciple,

Je profite d'un court loisir pour vous féliciter immédiatement des nobles sentiments exprimés par votre lettre d'avant-hier, et vous remercier de votre généreuse participation à la pension positiviste de notre jeune veuve. Voici le reçu correspondant à votre mandat.

Cette précieuse inauguration de la vraie providence constitue, quoique sur une petite échelle, un acte important, comme premier exemple décisif des mœurs de l'humanité régénérée. Il s'accomplit dignement, sans exiger aucun appel aux positivistes extérieurs à notre association. En même temps, celle qui s'en trouve l'objet manifeste de plus en plus combien elle mérite cette noble intervention, où la consolation morale accompagne la protection matérielle.

La réimpression de ma *Philosophie positive* se borne jusqu'à présent au tome Ier, dont l'épuisement poussait l'ouvrage total au prix le plus exorbitant. Ma renonciation solennelle à tous profits matériels de mes livres quelconques ayant réduit cette opération aux simples frais typographiques, un nouveau positi viste, M. Eugène Deullin, jeune banquier d'Épernay, m'a demandé l'autorisation, que je lui ai accordée, de réimprimer, à son compte, ce volume exceptionnel. Ce travail s'accomplit malheureusement chez un imprimeur d'Épernay, qui le conduit trop lentement. Quand il sera terminé, le volume sera vendu par le libraire de M. Deullin à Paris, la maison Borrani et Droz, 9, rue des Saints-Pères. Je suis d'ailleurs totalement étranger à cette seconde édition, *identique à la première*. La correction des épreuves se fait ici, sans ma participation quelconque, par un jeune positiviste que j'ai désigné pour cela, et qui s'acquitte avec zèle de cette corvée gratuite.

Tout à vous,

AUGUSTE COMTE.

(*10, rue Monsieur-le-Prince*).

IV

A Monsieur ALFRED RIBET, à Bommes (Gironde).

Paris, le samedi 15 Moïse 65.

Mon cher disciple,

Je suis étonné que M. Littré, ayant cru devoir vous informer circulairement qu'il ne dirige plus ma souscription, ait négligé d'ajouter que j'en suis moi-même devenu, depuis le mois de septembre dernier, l'unique directeur définitif. Une telle réticence aurait pu me susciter quelques entraves, ou du moins quelques retards, chez les souscripteurs qui ne seraient pas autant zélés que vous. Heureusement, l'envoi très prochain de ma quatrième circulaire annuelle dissipera toute incertitude à cet égard. Cette mesure y sera motivée par des considérations entièrement indépendantes de l'irréparable rupture survenue personnellement, entre M. Littré et moi, pour de graves raisons, à la fois publiques et privées. Depuis ma spoliation finale, ce subside étant devenu définitivement la seule base de mon existence matérielle, j'ai besoin de savoir à tout instant où il en est, surtout tant qu'il reste insuffisant. Or, cette évidente condition exige que j'en sois le seul directeur, à moins de me décharger d'un tel soin sur un ami assez intime pour que je puisse librement lui demander des comptes et des fonds chaque fois que je le désirerais, satisfaction que je suis loin d'avoir ni même d'espérer. L'envoi que vous m'avez fait directement, et dont voici le reçu, se trouve donc accompli spontanément suivant le mode normal qui prévaudra désormais chez tous mes patrons temporels.

Votre position spéciale m'intéresse beaucoup. Son isolement augmente le mérite de vos convictions, qui n'auraient point une telle persistance si le cœur n'y soutenait l'esprit. Mais je regrette que vous aggraviez artificiellement cette condition défavorable en usant trop peu de l'invitation de correspondance que je vous fis cordialement quand vous quittâtes Paris, et qu'il me serait doux de régulariser envers un disciple qui m'inspire autant d'intérêt que la plupart de ceux dont je reçois une lettre par mois. Je sais que la discrétion seule vous empêche d'en user ainsi, dans la crainte de me déranger pour les réponses. Mais mon temps est tellement réglé, surtout depuis que je suis délivré de toute corvée, que je puis, sans aucune perturbation, accomplir convenablement ce cordial office, qui constitue, à mes yeux, une importante portion de mon service général, du moins envers quiconque est vraiment digne d'un tel soin (et je n'ai guère d'autres correspondants habituels). Considérez que je gagne déjà deux heures par jour, au moins, en ayant renoncé depuis longtemps à toutes lectures de journaux, revues et livres éphémères, même scientifiques, pour ne lire journellement que mes grands poètes occidentaux. L'absence de visites oiseuses et de courses frivoles complète cette disponibilité, de manière à me permettre de répondre promptement aux lettres intéressantes, même pendant mes crises de travail, durant lesquelles un jour de chaque semaine reste consacré pleinement aux réceptions et aux réponses. Je vous donne, une fois pour toutes, ces renseignements précieux, afin de vous engager à consulter plus souvent votre chef spirituel, quand vous sentirez le besoin d'appui, de direction ou même de simple épanchement.

Les courtes indications de votre bonne lettre de mercredi me révèlent, à cet égard, une nécessité qui sera, j'espère, satisfaite ici, surtout d'après les réflexions que ma réponse vous suggérera. Mais je dois d'abord vous féliciter de la noble persévérance avec laquelle, au milieu de tant de faiblesse ou de défections, vous repoussez les séductions du pouvoir actuel et même les honorables instances de vos concitoyens. Sans vous conseiller jamais une existence passive, je devais aujourd'hui vous engager à vous réserver dignement pour un prochain avenir, qui vous permettra d'utiliser pleinement votre zèle et la confiance publique. Il faut maintenant que les vrais positivistes se regardent et même s'annoncent comme destinés à conduire les affaires humaines, les uns spirituellement, les autres temporellement. La proclamation décisive, par laquelle débute mon *Catéchisme*, ne laisse aucun doute à cet égard. Mais cette indispensable prépondérance, seule issue de la crise occidentale, exige toujours que notre vie, tant privée que publique, nous montre supérieurs aux autres, par nos opinions, nos sentiments et notre conduite. Alors l'ascendant devient, à tous les yeux, la suite et la récompense du mérite. Non moins saints, à notre manière, que les premiers chrétiens, nous devons concentrer notre sollicitude et notre ambition sur la vie réelle, d'abord objective puis subjective, tandis qu'ils la dédaignèrent pour une existence chimérique : ils furent essentiellement personnels, et nous serons éminemment sociaux.

D'après l'ensemble de votre lettre, je crois nécessaire de vous indiquer sommairement mon opinion spéciale sur la phase actuelle, que je regarde comme très passagère. Notre situation républicaine ne s'y trouve suspendue qu'officiellement, sans comporter aucune suspension réelle. En effet, hors du monde légal, personne ici ne peut employer sérieusement la qualification d'*empereur* envers un dictateur tyrannique, que sa passion de dandy vient de transformer irrévocablement en simple *mamamouchi*, sauf la bonhomie de M. Jourdain. Pour mieux caractériser mon appréciation, je puis vous citer une courte phrase incidente de la grande lettre que je viens d'écrire au noble tzar Nicolas en lui envoyant les deux volumes déjà publiés de ma *Politique positive* et mon *Catéchisme*. Ce manifeste décisif envers le véritable chef des conservateurs européens, sera joint à la préface du tome IIIe de la *Politique positive*, qui paraîtra, j'espère, en juillet prochain. Double en étendue de mon épître imprimée à M. Vieillard, il contient une indication sommaire mais complète du positivisme, philosophique, moral et politique, même quant aux applications actuelles, d'abord françaises, puis occidentales, enfin russes. En y décrivant notre passé récent et notre prochain avenir, voici la seule note que j'y consacre au *régime* d'aujourd'hui, par allusion à la crise qui bientôt devra concilier la dictature avec la liberté : « Le vain épi-« sode qui s'accomplit en ce moment sous un rétro-« grade démagogue doit plutôt hâter que retarder « cette quatrième crise républicaine en augmentant « ses motifs et diminuant ses obstacles ». C'est, je crois, tout ce que dira la véritable histoire sur ces nouveaux *cent jours*, inverses des anciens. Nul vote ne saurait altérer les lois sociologiques qui déterminèrent, il y a soixante ans, l'irrévocable abolition de la royauté française, après un siècle de putréfaction croissante. En 1842, j'étais encore le seul à dire, dans le dernier volume de mon ouvrage fondamental, que cette institution caduque n'avait jamais été rétablie, malgré les fictions officielles, où l'on prenait des mots pour des choses. Cette conviction, alors fondée par *deux* crises seulement, ne pouvait émaner que d'une véritable théorie historique, qui m'était entièrement due. Mais le cours naturel de la révolution ayant, quelques années après, fait surgir un *troisième* cas, les lois logiques ont permis, à cet égard, une induction purement empirique, bientôt devenue pleinement universelle. Aussi, quels que soient les vœux des paysans français, chacun sent, quoique confusément, que la parodie actuelle est la plus vaine et la moins durable de toutes ces illusions *monarchiques*. Elle aurait pu persister quelques années si son auteur avait osé l'accomplir en décembre 1851, quand sa politique était encore vierge aux yeux des citoyens impartiaux, d'après l'évidente nullité dont elle était auparavant frappée par l'anarchie parlementaire. Mais, venant, au contraire, après une année décisive de dictature républicaine, elle ne comporte aucune consistance. Dépourvue, même officiellement, de tous motifs sérieux d'ordre public, et dès lors érigée en simple fantaisie personnelle ou collective, elle ne confère au chef aucun surcroît de puissance réelle, et l'entoure seulement d'un ridicule indélébile, en rendant d'ailleurs irrévocable la réprobation suscitée par le caractère rétrograde qu'avait déjà pris sa dictature. On peut vraiment dire qu'il ne reste là que jusqu'à ce qu'on puisse tomber assez d'accord sur un dictateur acceptable. Quand cette condition personnelle sera remplie, la situation républicaine reprendra officiellement la prépondérance qu'elle n'a pas cessé de conserver réellement, et qui même se développe de plus en plus, parce qu'une telle phase suspend spontanément les dissensions principales des divers républicanismes, réunis de nouveau contre un obstacle commun. Le terrible dilemme de décembre 1851 (Bonaparte ou l'anarchie), se trouve ainsi dissipé radicalement, par la faute irréparable du fatal personnage. En abolissant le régime parlementaire, il fit faire à notre révolution un pas vraiment irrévocable, comme accompli en temps opportun, après qu'une génération entière avait épuisé cette tentative antifrançaise. Dès lors l'*empire* ne se présente à personne comme notre seul préservatif momentané contre l'anarchie. Car, la dictature antérieure indique d'avance le moyen d'éviter à la fois les rouges et les blancs, en choisissant un meilleur dictateur. Depuis la chute de Louis XVI, on sent ici qu'une dictature convenable peut seule remplacer la royauté française. Vous savez que les plus purs et les plus intelligents républicains applaudirent d'abord au 18 Brumaire, comme le montrent surtout les exemples de Cabanis, de Volney, de Tracy. Le grand Carnot lui-même consentit alors à devenir le ministre du jeune dictateur, dont il avait récemment été le chef. La rétrogradation impériale put seule permettre ensuite une tentative sérieuse pour importer d'Angleterre le régime parlementaire, sans qu'il pût jamais acquérir chez nous une vraie consistance, sauf parmi les déclamateurs. Aboli de nouveau après une expérience qui le montre aussi vicieux sous la forme républicaine que sous le mode monarchique, il n'a plus le moindre avenir ici. Les prolétaires, surtout parisiens, se rapprochent journellement de cette conviction finale, parce que la situation fait naturellement ressortir cet aphorisme décisif : « La république sociale doit être « dictatoriale et non parlementaire ».

Mais, en attendant la prochaine dictature, la phase *mamamouchique* offre au positivisme des avantages qui dureront après elle. On lui devra surtout l'irrévocable discrédit des doctrines métaphysiques, qui seules entravent gravement l'essor du vrai républicanisme. Quel républicain sincère pourrait conserver sérieusement les dogmes de la souveraineté du peuple et de l'égalité, quand il voit leur application universelle aboutir finalement au *mamamouchisme* ? La présente situation ne comporte donc de véritables convictions républicaines que chez les positivistes, qui font toujours prévaloir les lois sociologiques sur toutes les volontés arbitraires, tant humaines que divines. Mais cet avantage n'appartient solidement qu'à ceux qui, comme la plupart des membres de notre Société, acceptèrent, en décembre 1851, le principe de la dictature, du moins quand j'eus dissipé leur première irritation révolutionnaire. Ceux qui, comme M. Littré surtout, se séparèrent alors de nous, sont, au contraire, profondément troublés par l'*empire*, qui leur semble contredire toutes leurs notions politiques, au point de les disposer à croire que la présidence de la révolution occidentale se trouve ainsi transférée à l'Angleterre !!! Toutefois, ceux-là ne furent jamais de vrais positivistes : ils restèrent, au fond, toujours révolutionnaires, quoique leur esprit, mais non leur cœur, fût temporairement soulevé par la nouvelle philosophie.

Les véritables républicains sont ainsi fort peu nombreux maintenant. Néanmoins, le républicanisme compte en France, aujourd'hui, beaucoup plus d'adhérents qu'en 1793, où réellement ils n'étaient pas plus de cent mille, tandis qu'ils forment actuellement un million. Mais ce sont de simples républicains de sentiment, auxquels le positivisme peut seul procurer des convictions systématiques. Toutefois, la nouvelle crise est trop prochaine pour ne devoir pas être, comme les précédentes, essentiellement dirigée par ces républicains empiriques. Les positivistes, dont le tour n'est pas encore venu, doivent donc les laisser prévaloir une dernière fois, et resteront seulement spectateurs sympathiques de leurs efforts, sans y prétendre aucun résultat spécial, en se bornant à participer au commun bénéfice que procurera l'irrévocable retour d'une liberté d'exposition et de discussion, qui désormais ne peut profiter qu'à notre digne propagande, principalement religieuse, et accessoirement politique, suivant le type de mon *Catéchisme*. Quand nous aurons ainsi gagné *mille* adhérents complets, nous ne tarderons pas à devenir spontanément les maîtres de la France, d'après l'évidente supériorité de notre doctrine, seule capable de concilier radicalement l'ordre et le progrès. Car ce nombre nous permettra de proposer aux sympathies publiques les *deux cents* fonctionnaires politiques qui doivent former l'état-major de notre gouvernement préparatoire. Mais en renonçant à diriger la prochaine crise, nous pouvons l'améliorer beaucoup, en persuadant aux républicains sincères, sans exiger qu'il deviennent déjà positivistes : 1° de supprimer le terme anarchique dans leur ancienne bannière, qui dès lors reparaîtrait sous la seule devise : *Liberté et Fraternité*, très acceptable comme provisoire, et fort rassurante pour la bourgeoisie ; 2° de consacrer le principe de la dictature et l'abolition du régime parlementaire. Ces deux pas connexes, mûrs aujourd'hui quoique exigeant de nous des efforts sérieux, se condensent dans une séparation décisive entre les *républicains* et les *révolutionnaires*, les uns constructeurs, les autres niveleurs.

Tout à vous,

Auguste Comte.

(*10, rue Monsieur-le-Prince*).

P.-S. — J'aurai soin, mercredi prochain, de remettre à M. Magnin, après l'avoir lue à nos confrères, votre importante note d'agriculture. La perturbation ne m'y semble pas assez définie pour que je puisse l'attribuer sûrement ou à une maladie directe du tissu végétal ou aux ravages d'êtres parasistes. En vous adressant, de ma part, à *M. Fabrizio Fabiani*, jeune positiviste italien, qui demeure à *Gênes, 2, piazza Colombo*, il pourrait, j'espère, sans être agriculteur, vous procurer des renseignements méridionaux.

UNE LETTRE

A

M. ALEXANDRE DE HUMBOLDT

1855.

A Monsieur le Baron
ALEXANDRE DE HUMBOLDT,
à Berlin.

Paris, le jeudi 25 Bichat 67
(27 décembre 1855).

Monsieur,

Trente ans écoulés depuis mon premier contact avec vous ne m'ont jamais fait oublier les nobles encouragements dont vous avez honoré mes débuts philosophiques, par suite des tendances synthétiques et des dispositions sympathiques qui vous ont toujours si dignement distingué des savants actuels. Une juste gratitude m'a déterminé successivement à vous faire hommage des six volumes de ma *Philosophie positive,* à mesure qu'ils ont paru, de 1830 à 1842. L'accueil dont votre esprit encyclopédique a gratifié ce traité fondamental me disposait à vous offrir, de la même manière, les quatre tomes de mon principal ouvrage, la *Politique positive,* suite nécessaire et complément indispensable du premier. Mais la nature plus homogène de cette seconde composition et la connexité plus intime de ses diverses parties m'ont fait spontanément retarder ce nouvel hommage jusqu'à l'entière terminaison d'une publication qui ne s'est achevée qu'en 1854. C'est son ensemble que je vais demain vous adresser, par la poste, avec les deux opuscules qui s'y rattachent.

J'ai destiné le dernier, mon *Appel aux Conservateurs*, à diriger l'attention des hommes d'État sur la seule doctrine qui puisse radicalement concilier l'ordre et le progrès en faisant toujours coïncider la discipline et la consécration, de manière à terminer la révolution occidentale d'après l'avènement d'une synthèse universelle. Dans cette intention, j'ose espérer que vous daignerez offrir, et peut-être recommander, à votre roi l'exemplaire que je lui soumets d'un écrit qui caractérise la politique capable de surmonter à la fois l'anarchie et la rétrogradation, entre lesquelles le dix-neuvième siècle a si déplorablement oscillé jusqu'ici.

Respect et sympathie.

AUGUSTE COMTE.

(10, *rue Monsieur-le-Prince*).

UNE LETTRE A M. A. SABATIER

1857.

A Monsieur ALFRED SABATIER,
à Albano (Rome).

Paris (10, *rue Monsieur-le-Prince*), le mardi 6 Charlemagne 69.

Mon cher disciple,

Votre lettre du 17 Saint-Paul m'est seulement arrivée neuf jours après, et huit jours séparent, contre ma coutume, ma réponse de sa réception. Cette dernière anomalie résulte d'une perturbation physique, essentiellement due à de récentes secousses morales. Depuis la crise déterminée par la mort imprévue de mon plus ancien adhérent (le sénateur Vieillard) qui seul avait dignement suivi l'ensemble de ma carrière depuis mon opuscule fondamental de 1822, je suis resté spécialement accessible aux impressions que dans toute autre situation j'eusse facilement surmontées. Voilà pourquoi je me suis récemment trouvé péniblement affecté par l'indigne conduite d'un faux disciple, votre ancien camarade polytechnique, le capitaine d'artillerie B....., à l'occasion d'une mauvaise publication qu'il vient de faire pour une prétendue exposition du positivisme, que son titre qualifie d'*abrégée*, quoiqu'elle ait 600 pages, et *populaire*, malgré sa lourdeur prétentieuse. La médiocrité mentale et l'indisciplinable personnalité de ce jeune homme doivent vous être mieux connues qu'à moi, qui, d'après ma disposition générale à l'indulgence préalable, l'avait d'abord jugé trop favorablement, surtout de cœur, quoique je l'eusse immédiatement détourné de la carrière théorique à laquelle il a vicieusement aspiré. Mais le dégoût et finalement le mépris ont aujourd'hui remplacé l'irritation suscitée par ses ignobles procédés ; et la naissante inflammation du bas-ventre que j'avais subie commence à se dissiper irrévocablement sans que la flétrissure justement réservée à ce personnage dans ma prochaine circulaire puisse désormais m'émouvoir, malgré l'appui croissant qu'il va certainement recevoir dans la coterie Littré, confuse agrégation naturelle de tous les faux positivistes.

Je dois d'abord féliciter votre zèle, sans le remercier, de la noble suscription extérieure de votre dernière lettre, où vous avez ainsi constitué le cinquième exemple d'une manifestation périodiquement propre à constater et seconder l'installation sociale de la religion universelle. Un Espagnol influent, dont je reçus la visite quelques heures après cette lettre, fut extrêmement frappé d'une telle enveloppe, où la digne reconnaissance publique du nouveau pontificat circule sous les armoiries officielles de l'ancien, comme dans mes circulaires annuelles, la République occidentale, avec le timbre impérial. Mais, en regrettant que ces correspondants soient seulement au nombre de cinq, je suis loin de pousser les autres à suivre leur exemple, afin de ne jamais transformer en formalités des manifestations dont la vraie valeur résulte d'une pleine spontanéité, que je dois scrupuleusement respecter.

Depuis ma dernière lettre, j'ai spécialement formé, pour l'ensemble de mes volumes ultérieurs, un recueil général d'acrostiches dans mes cinq langues. Cette petite occupation incidente ayant naturellement reporté mon attention sur votre heureux amendement relatif à la coordination des sections d'après l'acrostiche propre à la partie correspondante, je n'ai plus besoin d'attendre l'usage habituel que j'en ferai dès l'an prochain pour vous l'annoncer déjà comme définitivement adopté. Ma prochaine préface fera directement apprécier le mérite d'un tel compliment et l'éminent disciple à qui je le dois.

Quant à la principale question de votre dernière lettre, je dois d'abord rappeler que la tendance au vague constitue, surtout au début, l'écueil ordinaire des dispositions vraiment synthétiques, qui souvent poussent à de vicieux rapprochements faute d'une discipline convenable, dont vous n'avez pu encore contracter assez l'habitude, quoique vous ayez pleinement adopté son principe. En précisant ce danger, il consiste surtout dans la tendance, autant inaperçue qu'involontaire, à prendre le subjectif pour l'objectif, en regardant comme des lois naturelles, c'est-à-dire extérieures, les institutions purement artificielles, mais aucunement arbitraires de l'Humanité. L'Espace constitue la plus subjective de ces constructions, au delà de ce que furent jadis les Dieux et, plus tard, leur unique condensateur, auxquels on attribuait une existence pleinement objective, quoiqu'elle fût entièrement chimérique. Au contraire, le Grand-Milieu sera toujours conçu, soit philosophiquement, soit poétiquement, comme une institution totalement artificielle. J'ai déjà marqué ce caractère dès ma première ébauche de cette conception, quand je disais, avant la fin de ma vingtième année, relativement à la consistance du *fluide* universel, que si nous étions des animaux aquatiques, nous l'imaginerions *liquide* afin de le mieux saisir, tandis que, habitant l'atmosphère, nous le supposons *gazeux*, pour que sa densité puisse toujours rester notablement inférieure à celle de l'enveloppe terrestre. Ce contraste, directement rappelé dans mon récent volume, devait vous indiquer la nature profondément relative et purement subjective d'une telle institution. Elle est théoriquement destinée à fournir le siège de tous les phénomènes qui peuvent être habituellement conçus indépendamment des êtres correspondants ; ce que j'ai surtout réduit aux divers modes de l'existence inorganique, sauf l'appendice propre aux aspects purement statiques des corps organisés, sans que leur état dynamique puisse jamais comporter une telle abstraction. Religieusement, l'Espace est directement adoré comme offrant, en vertu de son universalité nécessaire, l'unique siège auquel nous puissions familièrement rapporter la fatalité suprême, celle qui résulte des lois de la philosophie première, essentiellement commune à tous les phénomènes, et dès lors incapable de résider en aucun corps spécial.

Mais, dans l'un et dans l'autre office, l'Espace reste uniquement fictif ; notre tendance à le réaliser n'est que l'hommage involontaire à la puissance irrésistible de l'Humanité sur ses enfants, auxquels ses conceptions semblent des faits. Une telle méprise doit surtout provenir aujourd'hui du régime profondément illusoire dont nous sommes à peine sortis. Dans l'état normal, on honorera mieux le Grand-Être en lui rapportant la construction de l'Espace qu'en attribuant une existence réelle au fluide fictif.

Outre ce vice général, vos récentes questions indiquent une confusion spéciale, où des influences extérieures essentiellement chimériques deviennent la source de phénomènes incontestables, quoique souvent exagérés et mal appréciés, due à la réaction continue du cerveau sur le corps. Je suis, par exemple, aussi disposé que les Italiens à croire aux stigmates exceptionnels qui précédèrent la mort de l'incomparable réformateur du XIIIe siècle, mais en y voyant un simple résultat de cette réaction chez un organisme éminemment impressionnable, sans aucune mystérieuse impulsion du dehors. Sous ces aspects, comme sous les précédents, je vous conseille d'attendre les éclaircissements et développements naturellement propres au second volume de la *Synthèse subjective*, qui sera construit l'an prochain pour paraître en octobre 1858.

Sans m'étonner de votre proposition sur le légendaire positiviste, je dois sommairement reproduire l'explication que j'ai toujours opposée aux nombreuses demandes analogues qui me furent spontanément faites depuis sept ans. Quoique je n'aime pas les comités d'auteurs plus que ceux de dictateurs, je conviens qu'un tel ouvrage pourrait exceptionnellement comporter une exécution collective toutefois bornée à sept coopérateurs choisis, entre lesquels se trouveraient convenablement réparties les biographies respectives propres à la religion, la poésie, la philosophie, la science, la politique, la médecine et l'industrie. Avec le mode typographique de ma *Politique positive*, une page et demie devrait, moyennement, suffire à chacun des 500 noms du calendrier occidental. Mais, quoique ce travail doive certainement s'accomplir dans ce siècle, il faut maintenant l'ajourner plus que vous ne croyez, sous peine d'une exécution vicieuse et regrettable. Il ne deviendra vraiment possible que quand j'aurai suffisamment réalisé le cours esthétique de philosophie de l'histoire, que j'ai spécialement annoncé depuis sept ans, et que je ne puis plus faire que sous forme religieuse, quand nous serons convenablement entrés en possession du Panthéon. Là, je ferai tous les dimanches et le premier lundi de chaque mois positiviste, les soixante-cinq apothéoses qui doivent, chaque année, glorifier les chefs hebdomadaires et mensuels de notre culte historique. Aucun des sept collaborateurs auxquels je confierais le légendaire occidental ne pourrait utilement coopérer à ce volume sacré sans avoir préalablement suivi deux fois ce cours religieux, que je ferai trois années de suite.

Relativement au digne vœu final de votre lettre, je suis profondément touché de vos nobles dispositions, qui font mieux ressortir la triste insuffisance morale de la plupart des disciples dont je suis habituellement entouré, sauf de très rares exceptions. Croiriez-vous que la mémoire de mon angélique collègue subjective est plus honorée à New-York qu'à Paris, où la sainte tombe n'a jamais été, depuis onze ans, l'objet d'aucun hommage positiviste ? Mais cette sécheresse trop explicable chez des âmes élevées dans le scepticisme et plus poussées au positivisme par l'esprit que par le cœur, doit être toujours traitée avec la même réserve que les manifestations publiques dont je vous parle au début de cette lettre, afin de ne pas susciter une hypocrisie qui paralyserait tout élan ultérieur.

Tout à vous,
AUGUSTE COMTE.

UNE LETTRE A M. DE ***

1857.

(Sur l'enveloppe : Jugement B...)

Monsieur,

D'après la corvée exceptionnelle que j'ai scrupuleusement accomplie, je regrette de vous avoir d'abord qualifié d'*avorté* : l'expression était trop indulgente ; car l'avortement suppose la fécondation, tandis qu'ici le mot vraiment convenable est finalement *stérilité*. Si, de votre lourde et prétentieuse publication, on écarte les nombreux passages que vous m'avez impudemment volés, il ne reste que de vulgaires tartines, où ne perce aucun aperçu secondaire qui puisse vous appartenir ; au lieu que les moindres écrits publiés sur le positivisme, depuis qu'il est complet, contiennent quelques vues accessoires effectivement propres aux auteurs correspondants. Vous n'avez exceptionnellement trouvé de la verve que pour exhaler de mauvais sentiments, lorsque, en délayant, hors de toute mesure, une demi-page du *Catéchisme positiviste*, vous avez publiquement épanché votre animosité, bien ou mal fondée, contre votre mère et votre père ; cette diatribe déplacée prend plus d'extension que vos froides et mesquines indications sur le culte positif.

Ceux qui vous connaissent de plus près et depuis plus longtemps que moi ne seront nullement surpris d'un tel résultat : vos divers camarades d'études et d'office vous ont toujours regardé comme ayant une intelligence extrêmement médiocre, et n'offrant de vraiment saillant qu'une monstrueuse personnalité. Mais, pour moi, tardivement informé de cette opinion collective, vous êtes malheureusement resté, pendant plusieurs années, sous l'illusion favorable, qui, d'après ma constante prédisposition à l'indulgence, résulta des circonstances propres à nos premiers contacts. Alors votre chétif altruisme se trouvait exceptionnellement soulevé par un milieu passagèrement animé de sentiments vraiment généreux, quoique profondément déréglés. Quand le public, faute de principes et de chefs, retomba dans sa torpeur apparente, vos aspirations sociales, réduites à leurs faibles sources antérieures, ne tardèrent pas à s'engourdir ; et vos demi-convictions positivistes n'aboutirent qu'à susciter une indisciplinable vanité théorique. La chute, commencée à Rennes, et développée à Douai dès 1852, ne me devint nettement appréciable qu'à partir de 1854, d'après l'irrévérence et l'hostilité toujours croissantes de votre nouvelle attitude envers moi, sans aucun autre motif réel que votre propre dégradation. Néanmoins, au milieu de mes illusions, surtout relatives à votre cœur, j'avais constamment senti la faiblesse et la superficialité de votre esprit ; comme l'indique l'utile conseil que je vous donnai, dès notre première entrevue, de passer, avec votre grade, de l'artillerie dans la gendarmerie, afin de suivre une carrière franchement pratique, à laquelle, vous croyant pur, j'ai vainement espéré que vous reviendriez quand l'expérience vous aurait assez dévoilé votre impuissance théorique. Sans vous avoir jamais examiné, soit avant, soit pendant, soit après vos études polytechniques, je vous avais, sur parole, supposé capable d'apprécier les principales conceptions mathématiques ; tandis que, aujourd'hui, vous sachant trop dépourvu de force et de profondeur, je doute que vous les ayez suffisamment comprises, et je vous crois radicalement incapable de lire avec fruit mon traité définitif de philosophie mathématique, publié, dès novembre 1856, comme tome 1er de ma *Synthèse subjective.* Essentiellement morales, mes illusions sur vous m'ont finalement produit un profond et douloureux désappointement ; si vous tenez au pouvoir de faire du mal, qui vous est commun avec des êtres les plus vils, vous devez effectivement jouir de m'en avoir fait, même physiquement, d'après les pénibles émotions suscitées, depuis trois semaines, par votre déplorable compilation. Mais l'indignation, mêlée de regret et de pitié, que j'avais d'abord éprouvée, se trouve définitivement transformée en un irrévocable mépris, vu la honteuse conduite que caractérisent vos trois récentes lettres, où se manifestent les monstrueux sentiments sous lesquels vous avez entièrement exécuté votre funeste travail, surtout dans les outrages inouïs que contient votre ignoble lettre de mardi dernier. Les imputations les plus contraires à ma nature et les mieux démenties par tous mes actes, font seulement ressortir votre aveuglement, en même temps que votre insolence et votre ingratitude. J'y suis tellement supérieur que je leur procurerai, dans ma prochaine circulaire annuelle, la publicité que vous n'avez point osé leur donner ; c'est ainsi que, malgré votre extrême médiocrité, vous arriverez jusqu'à la Postérité, comme Flourens sous le fouet de Gall. Ceux même qui ne connaissent pas votre conduite envers moi ne tarderont point à connaître votre déloyauté, d'après le soin de votre Préface pour cacher à vos lecteurs que le fondateur du positivisme a, depuis longtemps, publié deux opuscules spécialement didactiques, dont votre écrit ne pouvait effrontément nier, comme vos lettres, l'efficacité constatée. Une gloire entièrement indépendante de ces épisodes m'autorise à les juger comme s'ils émanaient d'ailleurs ; en rappelant que trente-cinq ans d'exercice continu de l'enseignement scientifique et philosophique, tant public que privé, m'acquirent en ce genre une réputation incontestée, il serait vraiment étrange que ce talent d'exposition m'eût essentiellement manqué pour propager ma propre doctrine. Vous même l'avez involontairement reconnu, quand, après avoir cru mes phrases difficilement intelligibles dans mes livres, elles vous ont semblé suffisamment claires aussitôt que vous les avez textuellement pillées en supprimant les intermédiaires qui les lient et les expliquent. Quoique votre rhétorique reproduise les formules du positivisme sur la subordination de l'esprit au cœur, vous êtes certainement incapable de les sentir assez pour les utiliser : ce verbiage résulte de la déplorable faculté que développent les habitudes polytechniques, non moins que les études littéraires, d'exposer ce qu'on ne comprend point, comme je l'ai trop constaté pendant dix-neuf ans d'observation journalière. Insensible aux moindres convenances usuelles, et nullement susceptible de vénération, vous ne pourrez jamais reconnaître la nécessité d'aimer pour croire, ni la vraie distinction entre la foi démontrée et la foi démontrable, ni surtout la condensation finale du positivisme dans cette sentence universelle : *La soumission est la base du perfectionnement*. Votre puérile imitation du début et de la terminaison propres à mon principal ouvrage ne saurait me dissimuler votre sécheresse radicale envers cette sœur dont je ne pus jadis vous faire aucunement instituer l'adoration intime comme premier fondement nécessaire du vrai culte positif. Au fond, vous êtes entièrement incapable d'aimer et d'admirer aucune autre personne que vous-même, malgré votre tendance apparente vers ceux que leur insuffisante énergie vous semble spécialement adapter à vos besoins de domination ; tel fut mon noble et malheureux disciple Jundzill. Pourtant, on ne peut convenablement écrire ou parler sur l'ensemble du positivisme, sans avoir suffisamment subi l'influence féminine à laquelle vous resterez toujours étranger. Faute d'une telle préparation continue, vous ne serez jamais pourvu de véritables convictions quelconques ; et malgré votre langage public, votre secrète appréciation qualifiera de chimère sentimentale le principe fondamental où le positivisme érige la sympathie en unique source de la vraie synthèse. Une insurmontable infirmité cérébrale vous a fatalement relégué parmi ces prétendus positivistes, qui, se qualifiant d'*intellectuels*, sont les moins intelligents de tous, d'après l'insuffisant essor des seuls sentiments propres à susciter, féconder et soutenir les vastes méditations quelconques.

Vous m'avez spontanément fourni votre mesure mentale et morale en préférant la lecture habituelle de Mme de Lambert à celle de l'incomparable *Imitation* ; puis en exagérant un théorème secondaire de ma doctrine cérébrale pour ériger les instincts égoïstes en principaux mobiles continus des grands efforts humains, où jamais ils ne fournissent qu'une impulsion purement initiale, dont la persistance fait tout avorter. Si votre cœur pouvait assez illuminer ou rectifier votre esprit, vous verriez que l'orgueil et la vanité purent seulement inspirer des hommes et des résultats médiocres ; tous les grands types historiques, mêmes praticiens, furent essentiellement poussés par la sociabilité. Mais quoique vous n'ayez réellement pensé qu'aux conditions purement intellectuelles, votre insuffisante moralité vous a finalement empêché de remplir celles qu'exigeait votre travail, où prévaut mon ouvrage préparatoire, tandis que mon principal traité ne s'y trouve effectivement utilisé qu'en y pillant ma philosophie de l'histoire, ce qui ne prouve pas que vous l'ayez vraiment comprise. Quant à mon nouveau volume, il vous reste encore inconnu, bien que vous dussiez spécialement l'étudier, afin que la partie mathématique ne fût pas la plus faible et la plus arriérée, jusque dans le langage, de toute votre déplorable *exposition* scientifique. Le tome final de ma *Politique positive*, plus décisif qu'aucun autre, et dont l'assimilation préalable vous était la plus indispensable, n'a réellement été lu par vous qu'après l'achèvement de votre première partie : aussi vos indications sur le régime, le culte et même le dogme de l'Humanité sont-elles scandaleusement insuffisantes. Dans le tome 1ᵉʳ, vous n'avez aucunement saisi le grand perfectionnement encyclopédique qui ramène ma distinction primitive entre la science abstraite et la science concrète à la division définitive entre la théorie et la pratique : vous *exposez* cela comme si je n'avais nullement avancé, depuis 1830, vers la constitution finale de l'entendement humain. Tout ceci prouve aussi peu de valeur mentale que de mérite moral ; un *ouvrage* ainsi composé ne saurait longtemps obtenir une attention sérieuse, dès qu'on verra que la pure compilation en forme plus des deux tiers ; l'autre tiers ne contient, dans sa moins mauvaise partie, qu'une insuffisante tartine sur la séparation des deux puissances, moins incomplète, mais aussi vulgaire que vos premières lettres manuscrites, et très inférieure à quelques articles suscités, dès 1826, par mon opuscule initial sur le pouvoir spirituel.

Sous ces divers aspects essentiels, j'étais assez renseigné pour juger la nullité de votre *ouvrage* avant de l'avoir lu, sans que mon régime cérébral subît une exception que n'aurait point obtenue un écrivain plus estimable ; la lecture n'a fait que confirmer et développer cette appréciation en l'abritant contre toute imputation de partialité. Mais j'ai surtout accompli cette corvée inouïe parce que je regarde votre livre comme devant bientôt devenir, s'il ne l'est déjà, celui de l'incohérente coterie graduellement formée du concours spontané de tous les faux positivistes, nominalement groupés autour du rhéteur usé que le positivisme a passagèrement décoré d'une auréole de penseur. Elle a pour programme secret, étourdiment divulgué, dès 1854, par un complice bavard : *Il faut désormais développer (c'est-à-dire exploiter) le positivisme en dehors de (c'est-à-dire contre) son fondateur.* Votre prétendue théorie du pouvoir spirituel lui convient parfaitement, en cachant au public que ce pouvoir existe depuis la terminaison de ma construction religieuse ; vous le représentez comme étant encore à fonder, et vous osez même insinuer qu'il doit finalement résider dans un comité, sans se condenser chez un pontife. On vous y réserve de soutenir, sous forme scientifique, la thèse métaphysique où l'on proclamera tyrannique la possession de la papauté positive par le fondateur de la religion universelle : subtilité naturellement précieuse à tous les roués qui veulent aujourd'hui prolonger, sous un nouveau mode, l'interrègne spirituel, mal étayé d'une ontologie irrévocablement épuisée. Tout cela vient trop tard : j'ai publiquement saisi le pontificat qui m'était normalement échu ; loin d'exciter la moindre réclamation, cet avènement fit bientôt surgir, chez plusieurs de mes correspondants occidentaux, la suscription *extérieure : Au vénéré Grand-Prêtre de l'Humanité ;* manifestation surtout décisive sous les armoiries papales, dans les lettres mensuelles que m'adresse, de Rome, votre ancien camarade polytechnique Alfred Sabatier, que vous n'oseriez aucunement taxer de servilité, quoique vous ne puissiez jamais sentir combien il vous surpasse de cœur, d'esprit, et même de caractère. Dans une telle situation, je laisserai librement développer les intrigues et les déclamations des roués qui n'annoncent une nouvelle autorité spirituelle qu'afin de pouvoir impunément adresser au fondateur de la religion qu'ils feignent d'adopter des outrages analogues à ceux de vos ignobles lettres finales.

AUGUSTE COMTE.

P.-S. — Vous êtes irrévocablement exclu de la Société positiviste, depuis sa séance de mercredi dernier 24 juin 1857, d'après l'ensemble de votre indigne conduite envers moi, surtout récemment.

Cette lettre doit irrévocablement terminer nos relations quelconques. Si jamais vous tentiez d'en rouvrir, ma porte vous serait toujours fermée, et je vous renverrais vos lettres entièrement intactes.

UNE LETTRE A M. J. WINSTANLEY

1857.

D'après l'original.

*A Monsieur J. WINSTANLEY, à Brauston-House
(near Leicester).*

Paris (10, *rue Monsieur-le-Prince*), le jeudi 1ᵉʳ Dante 69.

Mon cher fils spirituel,

Votre excellente lettre initiale de dimanche, reçue hier, était depuis longtemps attendue, sans que le retard d'un tel début m'ait jamais paru devoir s'attribuer à la moindre indifférence ou négligence. Je suis très touché du noble choix que vous avez récemment fait de mon angélique collègue subjective pour votre propre patronne personnelle. Mais, puisque vous possédez une digne mère, c'est surtout de celle-ci que doit normalement dépendre l'essor de votre culte intime, en réservant l'adoration de la Vierge positiviste à votre ébauche spontanée du culte public, où je crois, en effet, qu'elle doit universellement représenter l'Humanité.

Je vous remercie de m'avoir cordialement offert l'essai poétique que vous a récemment inspiré cette sainte mémoire. Malgré l'imperfection de la forme, et même du fond, ces huit octaves expriment, d'une manière souvent touchante, des sentiments dont la sincérité m'est pleinement connue. Le principal vice de cette petite composition résulte d'une insuffisante connaissance du positivisme, qui vous reste trop peu familier jusqu'à présent. Quant vous aurez convenablement étudié les quatre tomes de la *Politique positive,* leur influence générale vous aura tellement pénétré de la Religion de l'Humanité que ses propres ressources poétiques vous seront directement appréciables, de manière à vous dispenser de tout recours fondamental aux formules hétérogènes de l'ancienne synthèse, autrement que comme préambule spontané de la nouvelle. Il est même nécessaire, pour l'appréciation poétique du positivisme, de connaître le grand ouvrage complémentaire dont je suis maintenant occupé; son volume initial, seul publié jusqu'ici, contient une Introduction qui peut déjà fournir, à cet égard, de précieuses indications générales, en instituant la conception religieuse spécialement destinée à combiner le fétichisme avec le positivisme.

Quoique l'hydrothérapie me paraisse une illusion ou jonglerie germanique, le régime que ses docteurs vous prescrivent me semble parfaitement convenable à votre situation physique : cet accessoire a seul accrédité le principal, dont il est d'ailleurs indépendant. Mais les règles de sobriété que vous me décrivez ne doivent pas cesser avec votre traitement actuel, même quand votre santé corporelle sera pleinement affermie. Il faut vous habituer à ce régime comme devant toujours durer, en tant que seul conforme à l'existence normale, où les sources d'excitations continues sont tellement intenses et multipliées que les hommes n'auront jamais besoin des excitants artificiels dont l'usage doit entièrement cesser avec l'état préparatoire de l'Humanité.

Le noble projet que vous me soumettez envers vos habitations rurales mérite mon entière approbation générale, comme pouvant déjà signaler la paternelle sollicitude d'un digne chef futur d'industrie agricole. Je crois que l'isolement total de chaque cottage tend à développer l'individualisme : les constructions urbaines me semblent conçues suivant un mode plus social; pourvu que tous les cottages soient respectivement pourvus de leurs jardins postérieurs, leur adhérence antérieure me paraît convenable, suivant le type des villages français, italiens, et même espagnols. Quant aux presbytères et temples ruraux, vous oubliez qu'ils sont directement incompatibles avec l'organisation générale du culte de l'Humanité, qui concentre le sacerdoce dans les villes d'où procèdent de fréquentes tournées diocésaines. Au taux normal d'un temple pour dix mille familles, Leicester n'aura qu'un seul temple et presbytère, régulièrement composé de sept prêtres et trois vicaires, mais vous ne devez jamais oublier que chaque ménage doit toujours avoir un oratoire, que vos constructions projetées appliqueraient aux cultes actuels, jusqu'à ce que les habitants adoptent la religion positive. Dès lors, l'oratoire propre au principal habitant du village fournirait un lieu naturel de réunion religieuse pour l'ensemble des villageois, comme les chapelles catholiques des anciens seigneurs féodaux; outre que ce lieu servirait au prêtre ou vicaire en tournée, il pourrait habituellement faciliter les instructions et les cérémonies secondaires spontanément émanées des meilleurs vieillards, auxiliaires naturels du sacerdoce positif. Un mémorable exemple en sera bientôt fourni par l'éminent fondateur (M. Henry Edger) de notre naissante église américaine : dans l'oratoire dont il a dignement pourvu sa modeste habitation rurale à Long Island, il va, d'après les délégations spéciales que j'ai récemment envoyées, prochainement conférer le sacrement de la *présentation* à deux nouvelles filles positivistes.

D'après la visite que me fit M. Holyoake en 1855, je ne pourrai jamais voir en lui qu'un pur agitateur, dévoré d'une vaine ambition politique, et dont les seules convictions réelles sont uniquement négatives, si toutefois il n'est point un complet sceptique, comme les principaux *sécularistes* : j'espère que le prolétariat britannique ne leur accordera point sa confiance. Malgré leur torpeur apparente, vos prolétaires me semblent maintenant avoir une meilleure attitude que les nôtres ; ils dédaignent toutes les doctrines en circulation, et se méfient des écrivains quelconques en tant que liés aux classes qui les oppriment : mais ils attendent la solution finale de la grande question régénératrice provisoirement posée par Cromwell ; quand le positivisme leur sera suffisamment connu, l'ardeur que leur inspira le début de la crise française annonce l'accueil qu'ils feront à la doctrine décisive. La déplorable activité politique de nos prolétaires, relevant, après neuf ans d'expérience et de réflexion, des incapacités et des indignités pleinement constatées, indique combien une sage indifférence serait habituellement préférable, jusqu'à ce qu'ils remplacent leur métaphysique épuisée par la foi du dix-neuvième siècle, dont ils sont déjà coupables de ne point assez s'enquérir, depuis qu'elle est pleinement instituée.

A la vérité, la réaction naturelle d'une telle conduite chez tous les hommes honnêtes et sensés, sans même excepter les révolutionnaires sincères, tend maintenant à consolider notre dictateur actuel, en signalant les méprisables successeurs ou rivaux qu'on lui prépare. Sous la perspective de la désastreuse insurrection heureusement avortée ce mois-ci, le vœu dominant est que M. Bonaparte subsiste autant que Louis XIV, quoique ce bonheur soit peu probable.

Aujourd'hui comme toujours, et même plus que jamais, il n'existe que deux partis vraiment tranchés : le parti de l'ordre, et le parti du désordre; les conservateurs et les révolutionnaires; ceux qui veulent sincèrement dissiper l'anarchie moderne, et ceux dont les aspirations réelles consistent, sous prétexte de progrès, à perpétuer l'interrègne religieux, afin de maintenir l'indiscipline morale. Dans tout l'Occident, ceux-ci s'entendent pour détruire; tandis que ceux-là, faute d'une doctrine universelle, ne se concertent pas pour construire. Mais le positivisme vient irrévocablement constituer le véritable parti de l'ordre, en faisant principalement consister le progrès à régler la vie humaine, personnelle, domestique, et civique. Ce parti manque jusqu'ici de tête et même de queue ou de membres, puisque les lettrés et les prolétaires lui sont simultanément hostiles : sauf la tacite adhésion spontanée des femmes, il ne se compose que d'un tronc empiriquement formé du concours involontaire des influences les plus intéressées à la tranquillité publique, ce qui d'ailleurs le rend naturellement suspect d'égoïsme. Quand le Grand-Prêtre de l'Humanité sera directement devenu le chef occidental du parti de l'ordre, la religion pourra bientôt consolider et développer la juste prépondérance habituelle des conservateurs sur les révolutionnaires, de manière à procurer de dignes garanties à la paix universelle, tant intérieure qu'extérieure, en déterminant les prolétaires à cesser de tendre au déclassement et d'employer la violence. Un symptôme immédiat et décisif caractérisera cet avènement des conservateurs systématiques, qui sauront enfin obtenir de l'Angleterre ce que n'en purent jamais tirer les conservateurs empiriques, compléter le consensus actuel de tous les autres éléments occidentaux pour la répression mutuelle des malfaiteurs politiques. Il est vraiment scandaleux que le gouvernement et même la population britanniques se rendent habituellement complices d'un méprisable roué tel que Mazzini, par l'asile commode qu'ils accordent à ce directeur d'assassinats ainsi qu'à ses principaux agents : le positivisme saura bientôt reléguer tous ces misérables agitateurs en Amérique, où leurs coupables intrigues perdront toute efficacité.

Puissiez-vous, mon noble disciple, toujours croître en Vénération et Dévouement.

Auguste Comte.

APPENDICE

Monsieur VIEILLARD,
à Monsieur le Préfet de police (Carlier).

Paris, le 22 janvier 1850.

Monsieur le Préfet,

Ma lettre a pour objet de vous recommander particulièrement M. Auguste Comte, que vous désirez voir. Ainsi que j'ai eu l'honneur de vous le dire, M. Auguste Comte est un homme éminent, qui, depuis dix-huit ans, consacre, avec autant de désintéressement que de persévérance, ses rares facultés et les connaissances profondes qu'elles lui ont permis d'acquérir, à répandre, parmi le peuple, des notions positives, le goût des longues et sérieuses préparations, le sentiment de la discipline et les habitudes de patience et de résignation commandées par l'empire des lois naturelles. — *Ordre et Progrès* — telle est sa devise. C'est celle de tous les hommes qui veulent que la société se conserve tout en s'améliorant. Je ne vois donc aucun motif grave de s'opposer à ce que M. Auguste Comte reprenne et continue son cours jusqu'à son terme logique. J'espère, Monsieur le Préfet, qu'après l'avoir entendu vous penserez comme moi, et que vous voudrez bien autoriser la réouverture des séances de ce cours, dans la salle du Palais-National où elles ont eu lieu l'année dernière.

Recevez, avec mes remercîments bien sincères, l'assurance de ma considération la plus distinguée.

N. VIEILLARD,
Représentant du peuple.

TABLE DES MATIÈRES

TABLE DES MATIÈRES (¹)

DU TROISIÈME VOLUME

(1) Le dernier volume contiendra un index alphabétique de tous les noms des personnes citées dans la *Correspondance inédite*.

Seize Lettres a M. de Tholouze

Deux Lettres a M. le Capitaine Barbot

Une Lettre a Sir Robert Peel

Cinq Lettres a M. Vieillard

QUATRE LETTRES A M. ALFRED RIBET

UNE LETTRE A M. ALEXANDRE DE HUMBOLDT

UNE LETTRE A M. ALFRED SABATIER

UNE LETTRE A M. DE ***

UNE LETTRE A M. J. WINSTANLEY

APPENDICE

FIN DE LA TABLE

CHATEAUDUN

IMPRIMERIE DE LA SOCIÉTÉ TYPOGRAPHIQUE

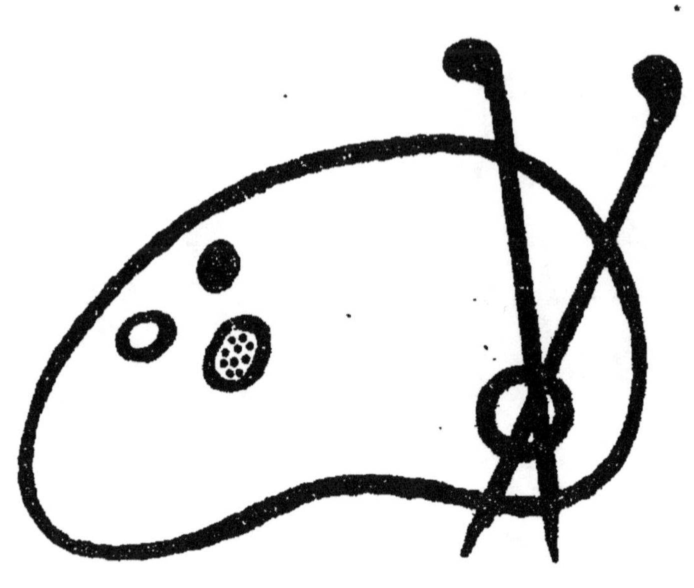

Original en couleur

NF Z 43-120-8

www.ingramcontent.com/pod-product-compliance
Lightning Source LLC
Chambersburg PA
CBHW061304030726
47595CB00001B/200